U0943505

课堂，诗意还在

KETANGSHIYIHAIZAI

赵赵（赵克芳）◎著

名师工程

钱理群　张文质◎主编

西南师範大學出版社
全国百佳图书出版单位　国家一级出版社

图书在版编目（CIP）数据

课堂，诗意还在/赵克芳著．—重庆：西南师范大学出版社，2011.10

（名师工程系列丛书）

ISBN 978-7-5621-5474-7

Ⅰ.①课…　Ⅱ.①赵…　Ⅲ.①中小学－课堂教学－教学研究　Ⅳ.①G632.421

中国版本图书馆 CIP 数据核字（2011）第 199590 号

名师工程系列丛书

编委会主任： 马　立　宋乃庆

总策划： 周安平

策　划： 李远毅　卢　旭　郑持军　郭德军

课堂，诗意还在

赵赵（赵克芳）　著

责任编辑： 钟小族　马春霞

封面设计： 天宇行文化

出版发行： 西南师范大学出版社

地址：重庆市北碚区天生路 1 号

邮编：400715　市场营销部电话：023-68868624

http：//www.xscbs.com

经　销： 新华书店

印　刷： 三河市九洲财鑫印刷有限公司

开　本： 787mm×1092mm　1/16

印　张： 13.25

字　数： 230 千字

版　次： 2011 年 11 月　第 1 版

印　次： 2014 年 6 月　第 3 次印刷

书　号： ISBN 978-7-5621-5474-7

定　价： 26.00 元

《名师工程》

系列丛书

《名师工程》系列丛书

征稿启事

《名师工程》系列丛书是西南师范大学出版社策划、组织出版的大型系列教育丛书。丛书以新课程下的新教学为背景，以促进施教者的教育能力为落脚点，以提高教育质量、提升教师水平为宗旨。

丛书首批推出的“名师讲述”“教学提升”“教学新突破”“高中新课程”“教师成长”“大师讲坛”“教育细节”“创新语文教学”“教育管理力”“教师修炼”“创新数学教学”“教育通识”“教育心理”“创新课堂”“思想者”“名师名课”“幼师提升”“优化教学”“教研提升”“名校长核心思想”“名校工程”“高效课堂”“创新班主任”“教育探索者”等系列，共150多个品种，其余系列也将陆续出版。为了让广大教师有一个交流、借鉴的机会，同时也为了给广大教师提供更多、更好的图书，《名师工程》系列丛书编辑出版委员会特向全国教育工作者征集稿件。

稿件要求：

1.主题鲜明、新颖，有独创性。

2.主题以提升教育能力为主，也可适当外延。

3.主题要有一定规模、有典型案例支撑。

4.案例要贴近教育实际，操作性强。

5.文章、书稿结构清晰，语言精彩。

书稿作者在选题确定之后，请及时与我们做好沟通，具体事宜确定好之后再进行创作；也欢迎用已经完稿的稿件投稿。一线教师如希望参与图书案例的创作，可联系我社策划机构，由策划机构备案，在适合的图书中参与创作。

真诚欢迎各位教师踊跃投稿。

联系方式：

西南师范大学出版社高教分社

电话：023-68254356　　　E-mail：zcj@swu.cn

西南师范大学出版社高教分社北京策划部

电话：010-68403096

E-mail：guodejun1973@163.com

编者的话

当前，以人为本的教育理念正在逐步深化，素质教育以及基础教育课程改革不断推进。在这场深刻又艰苦的教育改革中，涌现了无数甘为人梯、乐于奉献的优秀教师。他们积极探索、更新观念、敢于创新、善于改革，在实践中创造性地发展、总结了很多先进的教育思想、教育理念；创造性地开发了很多新的教学模式、教学内容和教学方法。这些新思想、新模式、新方法在实践中极大地提高了教学质量，是教育改革实践中的新内涵和宝贵财富。这些优秀教师就是我们的名师，这些新内涵就是名师的核心教育力。整理、总结、发展、推广这些教育新内涵，是深化教育改革、完善教育体制、提高教育质量、提升教师水平的一件大事。

教育，是民族振兴的基石；教师，是教育发展的根基。

胡锦涛在全国优秀教师代表座谈会上指出："教师是人类文明的传承者。推动教育事业又好又快发展，培养高素质人才，教师是关键。没有高水平的教师队伍，就没有高质量的教育。"十七大报告又进一步强调了必须加强教师队伍建设，不断提高教师的素质。当今世界，社会进步一日千里，科技发展日新月异，知识更新的周期越来越短。教师作为"文明的传承者"更要与时俱进，刻苦钻研、奋发进取，尽快提升自身素质和能力，为推动教育事业的健康发展贡献自己的力量。

基于以上，西南师范大学出版社策划、组织出版了大型系列教育丛书——《名师工程》。希望通过总结名师的创新经验、先进理念，宣传名师的核心教育力，为广大教师职业生涯提供精神源泉和实践动力，在教育实践层面切实推动从教者职业素养的提升。通过《名师工程》实现"打造名师的工程"。

丛书在策划、创作过程中力求实现以下特色：

一、理念创新，体现教育的人本精神

教师角色在以人为本的教育理念下发生了重大的变化，教师的素质和能力也面临更高的要求。如何弘扬、培植学生的主体性、增强学生的主体意识、发展学生的主体能力、塑造学生的主体人格等问题成为教师在目前教育中亟待解决的难题。丛书以教育管理者和教师为主要读者对象，通过教师综合素质的提高而将人本教育的思想落实到教育实践中，真正实现教育培养人、塑造人、发展人的本质要求。

二、全面构建，系统提升教师的教育能力

丛书选题的最大特点就是系统、全面地针对教师教育能力的提升而展开。施教者的能力决定教育的效果，教育改革的落实、教育效果的提高无不体现在教师身上。丛书针对不同教育能力、不同教学要求、不同教育对象，有针对性地设置选题。棘手学生、课堂切入、引导艺术、班主任的教导力、互动艺术、课堂效率、心灵教育等等，这些鲜明的主题从教育的细节出发，从教育实际情况出发，有针对性地解决问题，让教师在阅读中学有所指、读有所获。

三、科学权威，体现教育的时代前沿性

丛书邀请全国各地著名的教育工作者执笔，汇集在教育改革与实践中涌现的先进理念、成果和方法，经过专家认真遴选、评点总结而成，代表了目前教育实践中先进的教育生产力，具有时代前沿性，是广大一线教师学习、借鉴的好素材。

四、注重实践，突出施教的实用价值

丛书采用了通俗的创作方法，把死板的道理鲜活化，把教条的写法改变为以案例为主，分析、评点为辅，把最先进的教育理念和方法融入有趣的情境中。经典的案例，情境式的叙述，流畅的语言，充满感情的评述，发人深省的剖析，娓娓道来、深入浅出，让教师更充分地领会先进、有效的教育方法。

在诸多教育、出版界同仁的支持与努力下，《名师工程》陆续推出了《名师讲述系列》《教学提升系列》《教学新突破系列》《高中新课程系列》《教师成长系列》《大师讲坛系列》《教育细节系列》《创新语文教学系列》《教育管理力系列》《教师修炼系列》《创新数学教学系列》《教育通识系列》《教育心理系列》《创新课堂系列》《思想者系列》《名师名课系列》《幼师提升系列》《优化教学系列》《教研提升系列》《名校长核心思想系列》《名校工程系列》《高效课堂系列》《创新班主任系列》《教育探索者系列》等系列，共150多个品种，后续图书也将陆续出版。

丛书在出版创作过程中得到各地、各级教育部门与教育工作者的大力支持与帮助，在此一并表示感谢！

教育事业是全社会共同的事业，本丛书的出版一方面希望能对广大教育工作者有所帮助，共飨先进成果；另一方面也是抛砖引玉，希望更多的教育工作者参与到出版创作中来，百家争鸣、百花齐放，为促进教育事业的发展共同努力！

目　录

让学生在什么角色中成长

过什么样的教学生活

不一样的声音

“教育思想者”丛书总序

提出“教育思想者”的概念，当然不是要求教师都是思想家，因为教师的本职是传授知识，而不是发现新知。

我们是在两个意义上说教师必须是一个思想者的。首先，教师应该是一个具有独立思想、独立人格、独立思考和理性判断力的“人”。其次，他对于世界、人生、社会，特别是对于所从事的教育事业，应该有自己的认识和见解，并且有独立的承担。这两个要求，前者是基本的，后者则是更高层次的。

我在 2000 年就说过：“中国的教育有没有希望，中国的语文教育能否真正体现人文精神，一个重要方面，就是看是否拥有大批的‘有思想的教师’；而中国的教育，中国的语文教育之所以需要改革，一个重要原因，也在于现行教育体制在某些方面首先束缚了教师的思想，不容或不利于‘有思想的教师’的发展，当然也就很难培养出真正有独立思想、独立人格的学生。因此，我认为，教育改革（也包括语文教育改革）应该是一次思想解放运动，首先在教育体制上给教师、学生以较大的自主权，让他们真正成为教育的主人，把教与学的主动权掌握在自己手中；同时也追求思想的解放，创造最广阔、自由的精神空间。——这是我们的理想，是我们的奋斗目标。”（《语文教育门外谈》，相濡以沫（二））

以后近十年的课程改革，虽然有许多不尽人意之处，但也确实为有思想有追求的老师提供了一定的空间；而网络的出现，更是为教师中思想者的成长、聚集，开辟了一个新的天地。于是，民间教育思想者的出现，就成了近年来最重要的中国教育事件，并已经为中国教育的发展和改革提供了新的活力和新的可能性。正像我在很多文章里反复强调的那样，这些民间教育思想者本应成为教育改革的中坚力量，但他们在实际的教育生活中却处于被漠视、被排斥和边缘化的地位。这是当下中国教育改革的巨大矛盾，也是我们必须面对与解决的问题。

正是在这样的背景下，我们编辑、出版这套《教育思想者丛书》，就是要为这些年陆续涌现的民间教育思想者提供一个“发出自己的声音”的园地，向社会和中国教育界显示他们的独立存在，希望有更多的有识之士认识到他们存在的意义和价值，关心他们的发展和成长。

我们认为，这不仅关系着教育的平等与民主，而且关系着我们应该怎样观察中国的社会和中国的教育。

鲁迅早就说过，要真正认识中国，必须“自己去看地底下”。（《中国人失掉自信力了吗》）

不了解中国的底层教育，听不到底层教师的声音，同样无法真正认识中国的教育。

那里有真实的中国教育问题，因为边远，就更加赤裸裸，较少掩盖遮蔽，那黑色的真实，或许更容易使我们警醒。

那里更有真正的教育智慧，因为产生于艰难的挣扎之中，就弥足珍贵。因为更近于本土本色，或许就会萌生新的教育因子。

最重要的是，那里的教师是鲁迅最为赞赏的“埋头苦干的人”“拼命硬干的人”，那才是中国教育的“筋骨和脊梁”。（《中国人失掉自信力了吗》）

钱理群

像还是不像

教书很久了，教书的人自然就是老师，没想过自己像还是不像。一次几个人听我的课，听完之后，同事一苇说："要变得不像教师，一时半会儿还不成呢……"

她的意思是我不怎么像老师，还似乎是一种境界，修炼才能到。

怎么不像？一苇说："别人总会两样些。"

我呢，在教室里边和外边几乎一样，教书的时候跟生活里差别不大。我也注意到别人铃声一响，身体、表情绷紧，开口讲话声调更昂扬更激情更慢条斯理更……是有点"两样"。我心里认同他们：毕竟是上课嘛。我自己走进教室也不会完全不作调整吧。一苇君所言，大致可以这样理解：我一直没有学会那种讲话方式，不很愿意达到"振臂一呼，应者如云"的效果，或者我有意识学习汪曾祺的老师沈从文先生上课的风格，"他不用手势，没有任何舞台道白式的腔调，没有一点哗众取宠的江湖气"，——一点没有吗？不敢肯定说一点没有，做不到沈先生那么干净，不过努力像他讲得诚恳甚至天真。

鲁迅在《作文秘诀》里的话，我记得。"白描却没有秘诀。如果要说有，也不过是和障眼法反一调：有真意，去粉饰，少做作，勿卖弄而已。"这话不仅是说作文的，做人做老师也当如此。"白描式"课堂，没有花里胡哨的"障眼法"，来真的。

如果说"真"是符合诗意的，我们——我和我的学生们的课堂生活，算有些"诗意"。

"真"做底子，不至于失了本分。喜欢日本童话作家小川未明的童话《老爷的茶碗》，故事很简单：一家陶艺精湛的陶器作坊接下"给'老爷'制作茶碗"的活儿，竭尽心力给"老爷"制作了最轻最薄的精致茶碗，"老爷"从此却忍受茶碗传热太快带来的痛苦，那碗"炭火"似的。一次，"老爷"

到山间旅行，住在山里农民家，吃饭用的是粗重的餐具，茶碗很厚，一点不烫手，碗里的热汤喝下去暖洋洋。“老爷”说制作这样茶碗的陶匠更令人钦佩：他懂得茶碗是用来盛热茶或热汤的，因而用的人也能放心坦然地喝热汤热茶。

做教师也应该明白课堂是做什么的，教师如果勉强可以比做陶瓷艺人，负责课堂“这个碗”的颜色厚薄等，就该心里想着“喝汤喝热茶”的人，不会过分在器物的“轻薄艳丽”上下工夫，而把智慧用在人那一边。

使人是人，使孩子是孩子，我也就是我。

不像老师的时候，最像我自己。我们的课堂也最像我们大家的共有品格，是我们一起彼此依靠完成课堂“这首诗”的，它好不好，在场的人能在第一时间感觉到，就像能感觉随风飘进教室的一脉花香，感受水果的甜美，感受雨水降临时空气的滋润。

感到快乐。什么时候老师学生把课堂当成乐园，门窗洞开，风花雪月就在近旁，就真的可以有更丰富的可能性，就可以飞得更远了。

这些描述课堂的文字，也并不合乎哪一家的套路，是随意记下的。记下经历过的一些瞬间，像什么不像什么不要紧，或许在意的是“我们这样”。这样试飞，也这样被局限。小聪明带来过自喜，再回顾有些不好意思。

回到质朴才是好的吧。

就多年形成习惯的读书写字来说，有一本书——一本自己的书真好。至少是个纪念，纪念读到好书的时光，纪念“你也喜欢谁谁”一起微笑的片刻。说过的话飞走了消失了，写下的字安静地栖息在纸上，等待读者来唤醒，是读者使它们重生。

博尔赫斯说：“书籍是记忆和想象的延伸。”

书籍给读者一段宁静——回忆往事、追思梦想。

我希望我的声音是真的声音，亲切地跟你在一起，不惊扰——即使不能“打动”你。我很害怕，这些文字显露我内心的贫瘠、故作灵巧，没有受过真正好的教育，必然存在的庸陋——你看到了，你减掉它们。

最好的，反正有人写就是了。重要的是《哈姆莱特》《仲夏夜之梦》，莎士比亚、巴尔扎克、荷马都写了同样的东西。这是福克纳说的。

读他们，像他们一样在意本质的“同样的”那些。穿越时光，更像自己。

每一天，都比自己更好些。

让学生在什么角色中成长

学校生活，你记住了什么？

记住校园的树木花草。夏天过去了，秋天过去了，不在校园的时候，会想起夏秋季节开在花坛里开在墙角边的小花，叫太阳花、半枝莲，也叫“死不了”，这花总是喜气洋洋，平凡，泼辣，美好。在家里，我还会想起二楼走廊里的茶花，红的，开了一朵。院子里的大杨树，春天掉一地“毛毛虫”，孩子们故意在我面前张开手，吓唬我。胆小的女孩子经常被吓得尖叫。有一次，杨树枝杈间的喜鹊不知道怎么了，决定搬家，从这一棵搬到那一棵，喜鹊一家忙了半天，还有帮忙的，因为一个喜鹊窝不可能住那么多喜鹊。他们搬完了，有两位同事跟我打招呼的话是：“你看，喜鹊搬家了！”

校园，大杨树，大奇异果一样的鸟窝，还有不失天真的同事，容易被记住。

至今我还在怀念消失的爬山虎，如果不砍掉，我们的西墙会很好看。

所以，让学校更多花花草草，不仅是为了绿化美化这一块地方，也是美化情绪，美化记忆。语文老师知道，作文的时候，记忆贫乏，再怎么弄技巧，也是舍本求末。有人说：每个人的记忆都是自己的私人文学。作文不过是把记忆整理好，形成文字。

记住校园活动，一次雪仗，一次远足，一次运动会，一次文艺演出。最容易忘掉的是课堂，知识内化为自己的之后，就更不记得什么了。因为没有人会记得与自己的体验毫无关系的事情，不会记得自己不感兴趣的事情。一堂课很特别，对大家或对几个同学有特别的意义，会被记住。我就经常记得我被老师点名批评和被使劲表扬的课，从某种意义上说，那堂课是“我的”。校园活动的欠缺，使得学生回首时，记忆一片苍白。丰富的记忆就是丰富的人生，就接近饱满的心灵，接近完善的人格，接近幸福。

一个没有歌声、没有欢呼声、没有朝气和热情的校园，是怎样的？

当然，校园更多的时候要安静，要读书声，可是如果只有安静，那读书的声音，也懒洋洋的。

教师可以设计一些独特的、只有自己学校才有的活动，给孩子们一些游戏、一些节日，使他们表现了自己，获得深刻体验，记住经验和悲喜。一个在美国读书的女孩子，谈起自己的校园生活，高兴地介绍他们特有的"节日"，如"单日节""睡衣节"等。单日节那天，不许出现成双成对的一样的东西，孩子们的小辫子、鞋子都要别出心裁地弄成两样，睡衣节就更不可思议了，那天人们都穿睡衣到学校……我们中国人本来严肃有余，活泼不足，再加上"国情"两个字可以是不做一切"新鲜事"的永恒借口，于是，最该充满活力的地方，今天复制昨天，平淡、平板、贫乏。

不满意之后，习以为常，天天如此。

擦亮一些日子，很少很少的，就几天，也好啊。

我以前念叨过，校服可以活泼一点、时尚一些，让孩子们喜欢穿——做起来很难。我说，设一个校园时装日，那一天可以不穿校服。毕业典礼，三年了，校服都旧了，不合体了——喜欢可以穿，不喜欢了，女孩子穿可爱的裙子怎么不好呢？在她们很重要的日子，也是学校重要的日子，她们穿得庄重而且美丽，不好吗？

还记住什么？有个性的老师，影响过自己的人，最起码是跟自己真正交流、交往过的人。学校是传承文化文明的场所，更是师生生活的地方。什么叫生活？这个问题很难回答，但就学校生活而言，我粗浅地理解为：通过具体的实践活动促使学生发现自我、发展自我、完善自我，为将来实现自我价值做好准备。从这个意义上说，几乎可以排除"灌注式"的教学，因为它没有交流与交往，只有传递。

没有一个教师是没有个性的，因此，我在这里更强调的是一种个性魅力，个性魅力突出的教师对学生影响大。有个性魅力的教师会走进学生群体，用言行举止影响他们，走进他们的记忆。

还会记住朋友。

还会记住伤害。

多一些记忆，多一些朋友，少一点伤害。伤害，说起来挺轻，实际上，在一个学校里，教师不但不帮助孩子成长，还造成伤害，是罪。

金色花、咳嗽和……

星期三，我有一节课在下午第三节。气温下降，零下四五度，孩子们第二节上的是体育，今天体育课的内容是长跑。我一般都是早早到教室。上课前的十来分钟是随意聊天时间，我会有意识地跟平时在课堂上关注不够的学生说说话，也回答学生的各种问题。例如，《镜花缘》是本什么书？我就很投入地讲几段奇奇怪怪的故事，什么君子国女儿国之类的，谁爱听谁听，不愿意听的继续玩拍手游戏或跟同学笑闹。今天，我看他们从操场赶回就已经接近上课了，他们急急忙忙地准备课本和课堂小日记——我们不叫笔记本，叫课堂小日记。小日记记下每一天的上课情境：小雨，明媚阳光，浓雾，一只蝴蝶飞过，大杨树上喜鹊开会……课堂分享时间谁讲了故事、提供了资料，谁说了值得记下的话，都会记在小日记里。还可以画几笔柳枝、几片花瓣，写写重要有趣的上课内容。今天写什么？

明净蓝天，微冷。徐欣讲短小故事：《小心你自己》。还有……咳嗽。

他们一个个涨红着小脸回来，咕咚咕咚喝水，班里说话声音不多，多的是：咳咳咳……

已经上课了，班里咳成一团。怎么办？有位名人说过："咳嗽跟爱情一样，是隐藏不住的。"我觉得应该略等一等，不能说"不许咳嗽"。说了有可能是暗示，本不想咳嗽的也蠢蠢欲动。其实全班的咳嗽声里也有凑热闹的，受感染了。我正感冒，不由得也咳咳几声。

他们听我也咳，笑起来，我停了，他们也停了。

休息是必要的，因为今天要读泰戈尔的《金色花》。这样的文字不该在声色俱厉的训斥之后，不该在脸红脖子粗的呼呼喘息之时，要和睦，要安

详，要美。

笑过就好了，走进纯美的金色芳香的世界吧，即使依然有点累，金色花金色的浓荫让你甜蜜歇息。

课堂进程很老套：

1. 说说你知道的泰戈尔。他们知道的并不少。有人会背《飞鸟集》的句子，也喜欢我喜欢的“夏日的飞鸟，飞到我的窗前歌唱，又飞去了”。

2. 识字。写几个难一点的字。

3. 试着读读，先读准确，再读顺畅，再读出感觉、读出心情。

4. 小组朗读。选择你们组最合适的朗读方式：接力读或者一个一个展示自己独特的朗读。

5. 朗读展示。

孩子们一个一个信心十足地走上讲台。好的文字真好，纯净——虽然已经很熟悉了，孩子们依然安静倾听，金色花美丽的花瓣纷纷扬扬。

好的文字真好，它有魔力。嘻嘻哈哈的孩子们静了，温柔了，微笑了。最难得的是眼睛亮了。

今天下午的第一节课，另一个班的孩子更“成熟”一些，读得柔和沉静，知道节制，并不格外夸饰，并不虚假地声情并茂。他们读得甚至有些质朴纯净，轻妙至美，因为，节制之后更饱满。

这个班孩子更“年轻”，读得顽皮。魏来同学读到后边，指着附近一个同学说：“你去哪里了，你这坏孩子？”

孩子们笑了。

孩子们轻轻地读，随意地读。我不强迫他们大声，不要求齐声——金色花就是自然在阳光月光下盛开，就是轻轻地摇曳，就是默不作声的文字花香一样浸染孩子干净的心扉。

用心读。美妙的文字，自然值得用心，孩子们不吝惜他们纯粹美丽的心灵。

不需要我讲什么，他们读得很好，他们先天懂得爱。

我呢？微笑，赞美，分享，一起沉浸。

感谢泰戈尔，感谢孩子们，感谢初冬。这样明丽的阳光之后，星光璀璨。我说：“这几天星星很多，晚上出去看看吧，哪怕只看一小会。明天告诉我看到了什么星星。”孩子们点头。

听 王菲唱《明月几时有》

今日公开课，不演不唱不热闹。通俗歌手一高兴就唱经典诗词，一唱就流行。您想啊，这些年，苏轼的《水调歌头》老有人唱，哼起来颇高雅。语文课不公开也用这个 flash 导入或收口，大家开心看卡通画面，安静聆听：

明月几时有……

很沉溺的感觉，有点颓废，有点甜蜜，弥漫着微微沙哑的磁性忧伤。

酒馆、咖啡吧、街头唱唱，真不错，特别喜欢的，在家里听了再听，唱了还唱，随便。

引入课堂就要慎重了，为什么用？怎么用？

苏词很不同，即使思念也绝无“花间”气息。悼亡，诉说真诚的疼痛，“十年生死两茫茫”的句子，痛断肝肠；追忆朝云，写出“春衫犹是，小蛮针线，曾湿西湖雨”，字字有温度，有质感，含着饱满的情意。这样的来自血液、来自灵魂的文字，应该拒绝任何种类的“哼哼”。

懂得，吟诵或歌唱；不懂，让它安静地在月光下独自芬芳。

且说在上课开始用，已经这么喜欢果汁一样的曲调了，怎么再诵读得“荡气回肠”？

“明月几时有”，词人发出奇崛“天问”，绝非一般俗子气度，这其中隐隐有屈子的魂魄啊！除了少数艺术家，谁可以提出这样的问题？“明月几时有”，又有张若虚的哲思——哼唱不行，嘶吼也不对。“明月几时有”是苏轼大气磅礴深沉蕴藉的成熟作品。“铜琵琶，铁绰板，关西大汉”唱不好，“红牙板，十七八女郎”那就更不成了。

有人说话刻薄，说“通俗就是通向庸俗”，我不认同，但通俗歌曲大多

停留在情绪层面，很少真正触及人性深层次的东西，很少有卓然个性，很少关注具体的悲欢，很少可以诠释丰富的参差多态的人生，应该不是妄说。

何况凡有井水处皆可咏某词的风雅年代已经远去了。

人们喜欢音乐快餐。

我觉得学习苏轼这首词，开始就放歌曲，运用不当就很麻烦。

收口呢？好多了。原汁原味品味过了，餍足精神大餐之后，来点甜品，是娱乐，休息休息，何况那么好听呢！

我担心的是，学生们课上并没有很痛快地诵读苏词，也没有比较透彻地理解词的思想感情，没有很好地了解苏轼——熟悉的歌星来了，轻柔抚摩一样的歌吟响起，很容易就接受了，再加上色彩明媚的古装卡通画面，太好懂了。结果，学生觉得还是王菲的歌可爱，还是动画 flash 有趣，苏轼？王菲？差不多差不多。

李白跟梅艳芳差不多，都有“床前明月光”。

余光中跟斯琴格日乐差不多，都有“乡愁四韵”。

……

经典作品可以不那么普及，但经典作品的简单化、媚俗化，是一种破坏。

所以，用好王菲，有时候不唱不闹，课也上得了。

为了酣睡的蝴蝶

细节一：早晨上课前，我拎小包轻快上楼，超过也在上楼的小姑娘。我说："快！还没有我快？"女孩子说："老师，您试试我的书包！"我停下，真的让她把书包给我，我费很大力气才拎起来。

将来呢，带走的有哪些——除了一个背不动的书包？

细节二：期末100分钟监考。孩子们安分守己，认真答题。我看他们十二三岁的脸，大多苍白。100分钟过去，看不到一个微笑。

考场那么严肃的地方是不该笑，平常课堂如果也这样，流失了快乐也是很大的损失吧？

细节三：家长跟我说起自己孩子的学习情况，忧心忡忡，几乎要哭了。我问："您觉得孩子有哪些长处？"她沉默良久。

她的孩子其实心地纯良，待人和善有礼貌，善于修正自己，钢琴弹得很好。

家长看见她的分数没有预期的高，只中等偏上，不满意，严重不满意，其他的优美品质不能算好。

细节四：同事家上小学一年级的小女孩，某个早晨突然说："我不想去上学了。"问她为什么，她说："老师看不见我。"

以上细节，每天大量发生，我只是随手记下几个，并不再说更为严重的"事件"或"事故"。这些细节构成参与教育活动的人们每天的生活，我们欠缺愉悦的感觉，大家或多或少地像西西弗斯——推巨石上山，之后再推。不同的是，对于学生和学生的监护人来说，似乎只有一趟，艰难推动向前，抵达山顶之后，就一切都"好了"。山顶隐喻什么呢？阶段性的成功。就我所了解的，一般指好的大学。

至于大学之后就“随他去”了，家长不管目前大学生在校生活状态怎样古怪，毕业之后怎么努力也难以找到“体面”的饭碗，怎样较为普遍地呈现“学业枯竭”的症状，很难继续健康发展，依然执著地认为，好的大学是人生幸福的保证，是重要的教育成果。为此可以写书传经。

这种大家集中起来盯紧一个点的做法是一种“痼疾”。

这之前的所有付出都值得，理所当然该“悬梁刺股”，自然不会睡够，高中阶段的学生如果要求充足睡觉时间要求游戏娱乐，会被认为是“不正常”，是“自毁前程”。这样的认识不仅普及高中，初中、小学的高年级阶段也是紧张的“临战状态”，“倒计时”的逼迫感灼烫每一天，还蔓延到初中、小学的其他年级段，甚至到幼儿园。

这样的教育当然是有成效的，一批一批“成功者”，在获取功名之后，很快意。孟郊那样，忘掉“昔日龌龊”，春风得意马蹄疾。这种教育体制在制造孟郊的同时还大量制造更多的失败者，失败的概念也不恒定，互相攀比的结果导致逊色就是失败，他们还在“昔日龌龊”中。宝塔顶端，能有几个人？而且禁得住追问吗，他们幸福吗？

“龌龊”的意思是：处境不如意和思想上的拘谨局促。涂掉“昔日”的感觉算什么呢？

简单地说，不算幸福感。

痛苦结束之后的放松，出人头地之后的夸耀，期许下一拨“未来”的踌躇满志，我觉得不能算幸福感。就像一个人长期牙痛，某一天好了，他说：牙不痛真好——好好保健，牙本来就可以好好工作，或者治疗及时得法，牙只疼痛很短的时间。

把结束痛苦当成幸福也是很深的误解，它们只是看起来像。

单就在校学生来说，就参与教育的人们来说，上述种种，我认为是流失了幸福的感觉，流失了具体的个体、具体的每一天每一刻可以把握的微小幸福。人们常说：“学习过程是苦的，成功的果子甜美，幸福会在未来兑现。”每天都在发生的“流失”，每天都被漠视，人们觉得这种种都很自然。

我认为漠视是过错。

首先，我认同这样的看法：没有幸福感，就没有幸福。

幸福感来自于每天的具体生活。就学生来说，他们应该在保证生命安全的情况下享受生活。他们不被压榨不被剥夺，他们可以自然获得——就像阳光属于每一个人一样——优质睡眠优质饮食，游戏不被贬损，成长中显露的生命美好被肯定，欠缺的被理解。

学校不是新兵训练营，不是特种兵训练场，应该是花园乐园，是呵护孩子成长的地方。如果这样想，就会拒绝来自任何方向的漠视，不管是对全体、对部分，还是对一个。

当一个孩子说“老师看不见我”的时候，她当然不是说老师视力很差，她是说老师心灵的眼睛是盲的。这样的人能把班级控制得很有秩序，也能“觑得人如无物”。在这种目光下，即使成年人也有莫名的苦痛：鱼肉感，行货感，何况心智还稚嫩的孩子——伤害恐怕更强烈吧。

萨拉马戈在《失明症漫记》的扉页引用《圣经》箴言说：

“如果你能看，就要看见；如果你能看见，就要仔细观察。”

这样的语句引导教师用心看，看到。

看到此刻孩子在你的学校、你的课堂是不是目光明亮，是不是健康饱满，是不是微笑，是不是正在体会生活的美好，是不是快乐。教师有了这样的自我要求，就能比较主动地自我克制和激励，少一些漠视，多一些关注。有关注就有发现，发现一个新的儿童世界，发现老生常谈的真理原来荒谬，至少部分荒谬。可是对这些以偏概全的话，教育者如果还当做“圣训”用，坚信全信，幸福作为某种稀有品质的日子将继续下去，不知道哪里是尽头。

比如，梅花香自苦寒来。

比如，苦尽甘来。

比如，天将降大任于斯人也，必先苦其心志……

这些话不错，可是并不是唯一的真理。略有植物常识的人就知道，梅花在花期时如果寒冷过甚，梅花一样不开花。特别喜爱梅花花香的人也应该知道，被人赞美很久的梅花也不是“越冷越香”。生活里“苦尽”而“甘不来”只好继续吃苦的事情也不少。我们学到孟子的时候，读明白孟子“生于忧患，死于安乐”的意思后，“没出息”有“头脑”的孩子问：“一定是这样？有没有舒服一点的方法？我……我不当那个‘斯人’行吗？”

世世代代认同，说“认同”，看不见一个“特例”。

有时候，我怀疑总这样说的人别有用心，或者思维没有受过训练。对这个道理不能质疑吗？

只有牺牲现在，才能换取幸福的未来？

马可·奥勒留的《沉思录》里有这样的话：“唯一能从一个人那里夺走的只有现在。”如果抽空了“现在”，或者用痛苦填塞“现在”，未来怎么幸福？当“未来”变成“现在”之后怎么办？有什么样的理由才能够安然相信

并践行“多年的路熬成河，多年的媳妇熬成婆”的古训？一个“熬”字，具体到每日生存，里边有多少辛酸？曾经做过多年苦学生的人一朝当老师了，“整治”顽皮学生格外起劲，是终于逮到机会的愉快“报复”吗？而且还有充足的道理：为了你的未来，你的幸福。这些司空见惯的现象真的是“正常”的吗？那个未来真的如约而至、分量质量都不走样吗？

问题是，孩子们不知道未来的模样，所有蓝图都是成人代替描绘的：我们认为那是幸福，你也应该认为是。你现在糊涂，将来会明白并且感谢给你吃苦头的人。如果这是反复强调的共识，那么“不给吃苦头”的课堂会被怀疑，“不给苦头吃”的老师并不理直气壮，因为存在来自学校、学生监护人甚至少数很早就知道社会法则的学生的怀疑。这样对教师提出的要求就更为复杂：

快乐课堂——可以保证学业成绩吗？

沉闷或痛苦的课堂——好像可以保证未来学业成绩吧？

即使都是未知，选择后者也比较安全。

既快乐又可以保证他们期许的未来，才是最稳妥的。操作起来的复杂只有亲历过才知道，如果品尝过“个中美味”，可算现阶段最好的老师了。做教师的幸福和艰难，大概在此。

夹缝中生存，戴着镣铐舞蹈，说起来可以十分轻盈，沉浸其中才明白夹缝就是夹缝，其处境不如意，思想的拘谨局促，跟孟郊所言“龌龊”差不多。镣铐就是镣铐，镣铐没有自由的甜味。生存还可以，舞蹈就艰难了。

那么为了谋求幸福，在现实语境下我们能做什么？

明白事理。幸福感是衡量人生的唯一标准。通过个人努力给学生和自己一个权利，就是“现在就要幸福”。

努力使课堂生活变得美好一些，记住这样的话：让生活中每一个人从你那儿，从你的心灵深处得到一点最美好的东西。

给予他人美好，他人就不再是他人；积累美好，让他人成为生命中重要的人，大家一起创造、传递美好，享受美好，幸福就不再遥远。

运用才智。学习制造那种哈佛幸福课上所说的“理想汉堡”，既美味，师生一起“享受当下”，又健康，对师生尤其对学生未来的发育生长有益。用创造力激发创造力，着力提高课堂效率，师生共同发现最本质、最重要的东西，这样还可以腾出时间来更多关注，更多发现，更多趣味。还有更多体察赞美和真的爱，甚至还可以抽出时间，亲近花草树木，了解阴晴圆缺，看看云，仰望星空。当四月来了，雨中，像我一样，停止授课。说：“你们听，这是四声杜鹃，它在说：不如归去。它在说……”

甚至可以打雪仗，看重游戏。剧作家席勒说：“只有当人充分是人的时候，他才游戏；当他充分游戏的时候，他才是人。”闲暇生活充满诗意审美感和劳动。

甚至可以经营一点闲暇。

让幸福一点一滴地到来。

想起伊朗导演阿巴斯，他也写诗。他简单的句子明澈隽永：

火车嘶鸣着/停住/蝴蝶在铁轨上酣睡

老师陪你散散步

教学的文字也可以多写一些，毕竟咱栖息在一个以“教育”为名的树林里，不然对不起这名目。何况教书的事情，咱天天做，零零星星的小脑筋还是动过的。

开学以来，上课一直很愉快，原因？

一是我一如既往地热爱我的学生、我要教的书、我们的校园。小银杏树长得很慢，可是很健康，课间，我捡几片早落的小折扇，夹到书里。小时候干过的，大了老了谁说不可以再干？只要自己喜欢，别人看到了笑话，那是别人的事。

干净袖珍的校园，走来走去走不烦，散步，能把天地走宽。

二是孩子们的修养越来越好。我一般不说纪律，说修养，纪律是制约，修养是自觉的，自己看护自己。上阅读课，我只需要说：“注意图书馆礼仪，如果不小心弄出声音，要道歉。”他们就安静地选书看书。下课音乐突然响起，一节课很短。

好修养不是提倡来的，他们已经学会你好、对不起、谢谢，不用再反复宣传。他们不再乱丢纸屑果皮，他们不再说那么多野蛮的话。他们知道，自己的同学发言很紧张，需要鼓励，即使听不很清楚也保持安静。好修养是父母培养出来的，他们有注重修养的父母。很多次，我跟穿浅蓝校服的孩子们坚定地站在绿灯亮起来之前的斑马线边，并不特别急躁地等待。我自己还悄悄表扬自己，孩子们谈笑自若，这很正常——规则就是要遵守的。

他们在课上宽容老师，偶尔的小错误，他们笑笑就过了。老师如果跟他们愉快地交流，说出可以开启他们灵慧创造之门的话，他们明白地表现喜悦，微笑点头，轻轻鼓掌。

那个微笑的两只手的食指指尖轻轻点触表示鼓掌的少年，请接受我的感激。我会永远记得你。

三是他们愿意一天天丰美自己的记忆。课堂笔记本上，记下自己同伴的话，那些话生动顽皮，诙谐有趣。

开学第一天：

我问："开学典礼上听到的最多的一个词是什么？"

大家说："新，崭新。"

我问："你崭新了没有？"

一个一个认真回答：

"我没有。我还是老样子。"

"我？半新不旧。"

我觉得总说崭新也不对，不就是过了一个暑假，怎么可能崭新呢？崭新是不是全新的意思？我没有全新，我新了一点点。我觉得说崭新的人没有用心，不是真的认为崭新，就乱说。其实好像很多词语人们用的时候都这样，不当真的。

如果一个城市老希望崭新就惨了。

如果一种文化动不动就从头开始就可怕了。

我们可以不崭新，每天聪明一点点，进步一点点。

好习惯好品格好修养，保持。旧的亲切体贴。

不好的，慢慢改——成长就是这样。

四是他们乐于合作，喜欢表达，他们不拘束地说啊说。

学习《陋室铭》。猜猜"铭"是做什么的文字，啊——你会用注释很好。那怎样警戒自己呢？刻在自己的器物上，一般是经常用到看到的。古代文人武士都佩剑吧，有剑铭。古人照镜子，有镜铭。青铜时代，铸在菱花镜的背面，一说菱花，女人用得多。我记得小时候爸爸送我一个铜墨盒，四角都快磨圆了，盒盖儿上刻的对联依然清晰：

好鸟枝头朋友

落花流水文章

铭是铭刻也是铭记，我记住了，一生不忘。

什么样的称述公德？他人的，墓志铭或者其他褒扬德行的碑文。

刘禹锡这个呢？可以勒石而铭，也可以写在纸上，铭后来是一种文体了。不可以太长，押韵才好，读起来朗朗上口……来，一起读一遍。

怎么读得这么开心？刘禹锡会这样吗？

谁知道刘禹锡写这铭文的时候是什么心情？

背景需要的时候来最好了。

再读就不那么快乐了，慢一些，体会细致点。正音正字节奏什么的，随时需要随时弄。他们越读越好是自然的事情。

再问："觉得刘禹锡是一个什么人呢？"

没有想到的声音，几乎异口同声："自恋……"

好，结合课文，从"自恋"说开去。他们慢慢明白，坚守人格操守，坚决做君子，跟一般自恋很不一样——自恋，也有一点。有根有据的自恋，约等于自信。

翻译课文在讨论过程中基本完成。

请提出你的疑问。

问："自己弹素琴，怎么还不喜欢丝竹之音？"

问："苔痕上阶绿，是不是刘禹锡有点懒？"

问："无案牍劳形，说起来有没有一点'酸葡萄'心理？"

问："………"

——讨论就是了，没有定论也没有什么。大家喜欢说，说自己思考的成果，分享集体讨论的乐趣，很好的感觉。一切任务合作完成。

下课音乐也会突然响起。

散步，大家一起。

我是老师，我在。陪你们走走……下一节课，说说你的"座右铭"。

随风到你房间的一脉花香

语文课本里有好几首现代诗歌，遇到时总有点窃喜：到了俺家地盘了。经常从那几行逃离出去，越远越得意——有孩子不懂不满了，就拉扯回来，回到“天上的街市”，说郭诗人多有想象力呀，用词多巧妙啊，您看说流星用“朵”，实在是……多么……您瞧……说着又溜了。可以回到的地方很狭窄，不过一湾浅浅的海峡，可以荡漾出去的地方也不辽阔，我才读过几首诗？

下课之后被捉住，这是经常的。今天那小子问：“告诉我诗歌到底是什么？”

我作循循善诱状：“你可以告诉我什么不是吗？”他说：“可以。什么什么不是。（里边有是的，暂且不搅浑，随他）形式上知道了：分行。”

“分行绝对不一定是诗。”他说得很坚定。“那么标准呢？分行之后呢？”

我说：“看了第一句，你绝对猜不出第二句是什么，猜对了它就不是了。你试试。”

他莫非有备而来？居然掏出一本台湾的诗集，洛夫的《子夜读信》，就它了。

你不许看，听我的：

子夜的灯，是……（你猜吧，是什么？猜不到的）

是一条未穿衣裳的……（一条怎样的？猜吧，想不到吧：没有穿衣裳）

小河

你的信像（像什么？）一尾鱼游来（这个有阅读经验的人能猜到）

读水的温暖

读你额上动人的鳞片
读江河如读一面镜
读镜中你的笑
如读泡沫

一句一句猜下来，他几乎一句也猜不到。我说：“这是最具创造性的语言，猜到了还成！不过这是开玩笑，真正的诗歌，应该是一个洞悉了秘密的人，指给你真理的方向。也就是人们常说的‘你看——那优美的手指’。你来我屋里吧，随便打开一首。”

埃利斯，当乌鸫在幽林呼唤，
那是你的灭顶之灾。
你的嘴唇饮蓝色岩泉的清凉。
当你的额头悄悄流血
别管远古的传说
和鸟飞的晦涩含义。
而你轻步走进黑夜，
那里挂满紫葡萄，
你在蓝色中把手臂挥得更美。
一片荆丛沙沙响，
那有你如月的眼睛。
噢，埃利斯，你死了多久。
你的身体是风信子，
一个和尚把蜡白指头浸入其中。
我们的沉默是黑色洞穴。
有时从中走出只温顺的野兽
慢慢垂下沉重的眼睑。
黑色露水滴向你的太阳穴，
是陨星最后的金色。

我陷入其中，平和质朴地读出来。这是特拉克尔的《给孩子埃利斯》。

他说：“我明白了一点儿——孩子、死亡、珍惜、爱。不知道对不对，可是这么哀伤，这么软，没有力量。”我说：“好的诗歌不是喊叫出来的，它的力量来自内部。好的诗歌都有些悲哀。”他问：“您不觉得病态吗？有没有更健康的？”

我说：“我感觉到柔弱，可不觉得病。你没有发现过于健康的声音也可怕吗？过于健康的人？过于坚强的？他们的声音掷地有声，他们说出的话就是铁板上钉钉子，他们喜欢昂扬，永远向上。‘上’是哪里？是真理的方向吗？”

他摇摇头，似懂非懂。

布罗茨基说：“一个阅读诗歌的人比一个不阅读诗歌的人更难战胜。”握住诗歌似乎握住了重要的东西，并不是武器，是内心的宽阔柔韧，也许是掌握了自己。

“我读过的诗不多，不很明白。可我喜欢你这么说。诗歌是不是很少见，生活里几乎没有呢？我看不到诗歌。”

“是吗？不是。

生活中一切值得记忆的东西，都是生活里的诗。

搜索你的记忆，丰美吗？你拥有诗歌，只是你自己不知道。”

他们说我说

因为高考，高一的学生有了几天有趣的“高考假”，他们的教室做考场，他们就不用上学了，书包装满各类卷子几十张，回家。第一天假期，纷纷返回初中母校，看老师。今天回校的孩子很多。他们高了，壮了，长大了。

我有时候带他们去吃冰，有时候在山大浓阴里说话，有时候只听，他们说。

回忆旧事与报告新生活，热热闹闹。

他们说：“有一个下午放学，快毕业了，不再晚自习，咱们赵老师说喜欢听她聊天的可以留下晚走，咱们留下了一大群。赵老师那天讲怎样增加生命的宽度。”

“什么，我？快说，我似乎不知道这么严重的问题啊。快说，我怎么讲的？”

“您说：交最好的朋友。一个朋友就是一个崭新的世界，交流共享分担，都给生命丰富的体验，很美好。认识新的朋友，就像打开新的门。您还说朋友的标准要很高——友直友谅友多闻，自己努力先做到正直，宽容，知识丰富，不然交不到‘够格’的朋友。”

看最好的书。可以较少阅读，看就看一流的，最好的。智者才会给你智慧。而且如果交不到现实中的好朋友，可以把好书的作者当成朋友，与人类最优秀的人为友，可以提升品格。

您特别‘恶狠狠’地强调，最好的，一流的。还讲什么‘取法乎上，得乎……’反对看三流、二流的，不喜欢我们看或者只看《读者》《视野》，说是‘软读物’，过分讨好自以为有点文化的人。您说，看萧红好，冰心嘛……您好像不怎么喜欢冰心。

作文书是专门安慰家长，掏他们腰包的。不看不会后悔。

您还说，听最好的音乐。好的音乐深入生命，跟心灵相关，特别滋养。可以听民间的，有特色的，如蒙古长调。不要只听流行音乐，那些歌不坏，也好不到哪里去，它们离情绪太近，离心灵远，多年之后，你才知道哪些是稀有的经典。

您说，要是只知道刀郎就惨了。

看最好的电影。您说看电影是阅读。连续剧是给忙了一天家务的主妇看的……

您说，有条件多看看自然山水，注意身边花草树木。

这样生命的宽度就增加了。这样!”

“我说的？我一点不记得。我还说过什么?”

“您有时候拿出自己的笔记本，读《欧洲散记》、玫瑰菜单、教堂的钟声、贝尔尼尼雕塑……特别好玩。

离校前您的最后一节课上完，您说下课——大雨就来了……”

他们七嘴八舌，他们说我说过这样那样的话，我都不太记得了。我记得他们写怎样的字，坐在教室的什么位置，叫什么昵称，记得他们谁听课心不在焉，谁总是微笑点头。

记得他们的一些小秘密。

我还可以说让孩子们记住的话？一时竟有点飘飘然——记住，不是因为那些话经典，而是因为孩子们心里干净，肯倾听。

借孩子们的记忆，我重温并记住自己的一些语言片段，心里充满感激。

他们对后来来的同学说：“赵老师说：快回家做卷子去……”说的时候绷着脸，不笑。

"别样的"课堂

看花去

有一次，新加坡的华文教育老师来我们学校交流，问了许多问题，我们一一恳切回答。我印象最深刻的是，一位温雅的女老师问："你们有没有过带学生到草坪上、树林里去上课?"我们期期艾艾。我磕磕巴巴地说："偶尔，有。比如春天，花开时候。"

选一个风和日丽、花开最盛的日子，带孩子们到树林里去，到开花的树林去，教他们认识轻红粉白的名字。孩子们知道这是另类课堂，不同于一般的玩耍，尽管我没有强调这个，但他们似乎愿意这样表现，似乎是在"保护"老师。他们乖乖排好队，手里拿着笔记本，意思是我们去"观察""记录"春天，我默认。其实更希望他们放松一些，也知道离开学校远点，到了花开的地方，他们自然会活泼起来。

是丁香海棠碧桃樱花的季节。

我引他们进入花阵，队伍松散了，知心的小伙伴手拉手，但基本还是围绕在我的身边，因为我们的教学内容是认识这些花树。

先朝最惹眼的那几棵跑过去。不用讲怎么用恰当比喻，花朵就在眼前，触手可及。孩子们就像第一次看见一样地惊喜。

"呀，真的像雪，对，初雪。"——其实初雪不一定最白，不过用这个字表达她"初见"的鲜明感觉。我说："初雪，真美。"

"远看像白云，这么轻！近看……我来仔细看看。"——她不再管"像什么”了，小脸贴近一枝花，仔细地看了又看。

微风过来，早开的花瓣轻轻落下。小女孩闭上眼睛，在落花中轻轻旋转，她在舞蹈。男孩子不好意思这样，不过声音脚步都放轻了。两个男孩在讨论，樱花盛花期只有几天，落花的时候人们更觉得美，尤其是日本人。他们开始说起日本民族的审美倾向，日本民族的性格。他们认真地在本子上写下“日本晚樱，白色，如云”，或者自己喜欢写的句子。“端着本子写字挺吃力”，我说，“心里记住就成。”

他们说：“这样写字好玩。”

带他们认识几种海棠。

高烛照红妆。低处的纯粹红色，一朵一朵紧靠树枝开的，这是“贴梗海棠”。他们蹲下看，看花瓣看花蕊也看贪婪蜜蜂。含蕾时深粉红，打开之后颜色变浅，能长很高，你看这五棵都高过五层楼了，这是西府海棠，最美的海棠。古代诗人最喜欢写诗表达喜欢的大概是这种。比如苏轼，他写道：

东风袅袅泛崇光，香雾空蒙月转廊。

只恐夜深花睡去，故烧高烛照红妆。

海棠树下吟诵海棠诗，感觉怎么会一样？

另外几棵不很高大，花朵特别繁密，紫色花梗聚成一簇，在微风中摇曳，那是垂丝海棠。一个男孩子问：“老师，你最喜欢哪一种海棠？”

带他们到松柏之间的几棵不起眼的小树那里，看安静开放的白海棠（垂丝海棠的一种）。真好看，他们也发现宝贝似的赞叹。

这个叫紫荆。这一树白花是杜仲。那个是碧桃，深红的、紫的、白的，还有一棵树上开好几样颜色的，也结桃子，不过为了第二年花开繁盛，一般小桃在豆粒大的时候就被打掉了。孩子们不喜欢，他们幻想着花朵一样累累的桃子，夏天的甜美。

丁香一般都还认识。我告诉他们找到五瓣丁香就会找到幸福，他们认真寻觅，找不到也快乐，因为他们知道这不过是一个看花游戏。只有一个孩子找到，他格外开心，却并不摘下，只说：“这一朵是我的。”

慧心的女孩子一路捡拾落花，也有的偷偷摘了一两朵野花，地上有紫花地丁，有二月兰，也有早开的蒲公英。小姑娘白手绢里边包的都是花瓣，一片片捡来的。他们赶上我，把野花悄悄插在我的头发上，我正忘情讲解：“还没有开花的，这是石榴，五月才开，‘五月榴花照眼明’；那是珍珠梅，六月初开，花骨朵像一粒粒珍珠，开了就是袖珍白梅花，很香。那是女贞……那是木槿那是紫薇那是桂花那是……是腊梅，香气能传到咱们教室，你一定闻到过，冬天……”——我不知道我的头发已经“开花”了。孩子们嘻嘻笑，几个女孩子的麻花辫儿的“麻花”缝里也插了蒲公英。

一年的花事，一节课怎么说得完。下回，你们抽空自己来看。

多年以后，他们还记得“这节课”。

打雪仗

济南的冬天就像老舍先生说的那样，大多时候“温晴”，偶有小雪落地便化了，不过留在风里清凉的“雪的气息”。大雪也保留不了几天。冬天，我跟孩子们一起期待一场累积到一定厚度的雪，可以堆雪人、打雪仗，团成雪球不化的雪。

这一天，一路艰难，赶到学校，孩子们一个个脸儿红红，喜滋滋的。风雪载途很不好走，可是今天太好了，要打雪仗了，而且是上课的时候。

先要申请。学校主管科室的重要人物点头才成，不然怎敢擅自带孩子们到外边去玩？如果照直说“去打雪仗去玩”，领导想答应也会犹豫：“上课时间，去玩，怎么成？总要……”所以我说：“去体验去观察，回来要作文。”准备素材，理由堂皇吧？

于是飞奔到大雪覆盖的操场。

别的时间玩的人多，上课这会儿，只有我们一个班的学生和我。

男孩子们自会分开阵营，女孩子跑跑跳跳，格外野一点的参加男孩子们的“集团军”作战，顽皮的不参与任何一伙，只管突然袭击。最文静的，邀伙伴在操场一角一块儿堆雪人，不大，很精致，把自己的毛线帽子红围巾给雪娃娃戴上。不愿意参与战斗或特别怕冷的，穿成胖胖小熊的样子，在安全地带慢慢走，轻轻说话。

我正专心团我的一个大雪球，思量把这个“最大的祝福”送给谁，我还是不能完全投入游戏，我在想平时关注谁不够，这个雪球就给他。想得稍微久了点，起身一看，全班男生，人手一个雪球，来不及团好雪球的，干脆就挖一个雪块儿，他们静悄悄地聚拢过来，目标只有一个——我。

我无处可逃。

领头的一个说：“赵老师说，谁身上雪多，谁得到的祝福就多，是不是？”

大家说：“是！”

我乘他们得意洋洋的时候，直冲他们跑过去，他们反应过来，不顾我抱头鼠窜，雨点一样打过来，毫不含糊。我不跑了，任“祝福”落在厚厚羽绒服上，其实并不疼，而且他们知道，无论打谁，也不打头部不打眼镜。

“祝福”过老师，他们自己去玩了。

我偶尔偷袭堆雪人的女孩子，照看整个操场，我有“安全”责任。

看看手表，到时间了。我以为他们会拖延，没想到他们快速地齐刷刷集合起来，回去。他们尽兴玩耍过，很明理。

几年过去了，我们班的孩子有自己的语言系统，只要说：记得那次打雪仗——

我们就滔滔不绝，笑声穿越岁月，依然清凉如那天的雪。

悄悄跟他们说：“不用写作文。”

但以后的文字里，即使在炎炎夏日也会看到那天的雪，那天的快乐。

写给自己的话

课前三分钟写字时间。用意：入静，关注自己的感受；让写字成为习惯；鼓励突发奇想，写出“我的文字”。可以写的很多：今天天气、刚才的课间活动、上一节课的细节、今天特别的一些小事、自己的心情、早餐或午餐吃的东西、今天的重大新闻、班级趣事……

风花雪月、鸡毛蒜皮均可写在自己的“课堂小日记”里，最终目标：珍藏自己的小本子，舍不得丢弃。写满每一堂课的自己的小本子，是宝贝。

课前准备，不用督促，他们有一点期盼这一刻。

他们在聚宝盆一样的那一刻，写道：

“今天格外晴朗，阳光像金线一样，明晃晃的。该换春天的衣裳了。

小雨清凉，我和好朋友结伴来上学，一路走一路说悄悄话，小雨总给我们安静的感觉，似乎可以敞开心扉，说出心里藏了很久的小秘密。”

我在黑板上趁机写下：

“小雨除了制造寂静，还制造什么？”

他们很乐意在自己的本子上再加上一笔，回答我的问题。

闻天说：“还制造二马（姓冯的同学）湿漉漉的衣裳，我们玩的时候把他挤到雨里去了，他乐呵呵地淋雨。老师你看，他的校服颜色不一样。”

是不一样，更深的蓝。

还制造快乐。

我们去踩雨，噼噼啪啪的脚步声，跟笑声一样响。

我们大声朗读雨的诗歌："雨说……"读得很有"个性"，读不完就笑倒了。

这些距离大自然比较远的孩子，投身雨里得到滋润。快乐这样简单，只需朋友在一起，只需一场小雨。我们说着这些的时候，窗外小雨还在落，我头发上还有未干的雨滴。

我还记得，两个男孩子在雨里玩拍手游戏，兀自玩，似乎就在阳光下。他们的校服也是深深的蓝色。

我还在黑板上写："小雨中，我们曾经在一起，雨从此是家乡。"

冬天，珍贵的雪花花瓣一样纷纷扬扬，是小雪，落地上湿漉漉的，瞬间消失了。上课，我在黑板上写："怎么才能保存一场雪？"

葡萄成熟的季节我问："怎么保存葡萄的甜美芳香？"

聪明渊博的汝楠快速说出："酿之成酒。"

其他同学纷纷说："画成画，拍照片，使劲吃个够，记住今年这个秋天，我们家乡大泽山的葡萄，离开家乡之后拿来回忆。"

"为葡萄写首诗。

到葡萄园里去摘葡萄。

把最好的葡萄送给最爱的人。"

雪也一样，他们的眼睛亮闪闪的，他们思考有兴味的问题时才会这样，他们一点也不懒洋洋。

一个说："我伸手接住一大朵雪花，看它在我手心里融化，我记住了那样子、那感觉。雪花融化后，并不是晶莹水滴，似乎有点脏。第一场雪，我爸说不适合打雪仗，我们等下一场更大的更干净的吧。"

一个说："我收集角落残留的雪，好不容易团成一个雪球，也不很白。老师我知道你喜欢，在你上楼一定经过的地方等你，生怕它化了。我送给你了，老师，你也保存了这一场雪，对吧？"

我说："是啊，我的雪保留在我的吊兰里。因为你送我之后我把它放在花盆里了，化成水，滋养我的吊兰。过几天兰花开了，我会想到，你给我的雪。"

"路上人人穿得像个大面包，其实没有那么冷。我早晨没有吃饭也不冷，不过说到面包我饿了。"

我说："谁有一点吃的给他？"

上学时不准带零食，一个孩子略带歉意地拿出一袋饼干。我笑着说："饿着怎么上好课啊，大冬天的，吃几块吧，记住你光明正大上课吃东西的这个雪天吧。”

又到哀伤“五·一二”，我不用提示。他们会写：

“我难忘一排排无人再来背的书包，难忘废墟里轻轻的歌声，难忘那首诗。”

他们不会轻慢这个日子，他们比很多成年人都好。

学校很小，树木数得过来，八棵毛白杨，两个喜鹊窝。不知道为什么居然有四棵被砍掉，那一天孩子们的本子上几乎都写了：“大杨树哪里去了？”

在树墩新鲜的创面上，有人摆一圈袖珍月季花盆，小巧精致的花开得正好。

有的孩子写道：“似乎是一个葬礼。”

我把我的厚书里压好的干花随便送给谁，不是因为表现好，是因为今天想让他高兴，他们会记下吗？秋天我把鸡爪槭七角的金色叶子、绛色叶子送给他们做小礼物，他们会记下吗？

“老师，我把它塑封起来吧，保留更长时间。”

我说：“花朵叶子不要跟塑料在一起，它们还要呼吸。”

“老师，我记住了。”

遭遇《海燕》

我们使用人教版教材，遭遇《海燕》，一定的。

读过《古拉格群岛》，热爱阿赫玛托娃、古米廖夫、勃洛克，背诵曼德尔施塔姆给孩子们听的老师，怎么讲《海燕》？

一如既往地给那些鸟儿“贴标签”？这个是伟大的预言家，那个是害怕革命的软弱渺小的……大海狂风乌云也一一标上“即将到来的革命风暴”“反动势力”……

不忍继续那样，我觉得那是一种荼毒，荼毒鸟类、风雨和孩子们。

那怎么办？

即使破坏，即使弄糟一篇精美散文诗，也要让孩子们知道“真实”。

于是，我们比较全面地认识高尔基。讲述高尔基的旧事，不偏颇，他有诚恳作家的一面，有在特别背景下无奈的一面，也有晦暗的一面——古拉格岛上的高尔基。

比较细致地了解写此文的背景后，他们知道，“那时候”，他只能只愿只会这样呼喊。在当时或许是诚恳的，是“诗传单”，是战斗号角。

传单也能写得“这样”好，可以不当传单看，当成一篇别有用心的赞美自然的诗篇也可以。同学们，尝试朗读吧。

不一定要那样激昂慷慨。

孩子们说：“这样的文字，不可能不激昂慷慨。”

“那就激昂吧。”

一个孩子说：“我想用方言朗读行吗？”

我说：“试试吧。”

于是，我们听到了最具特色的山东版《海燕》，那真叫绝，读得真饱满啊。

有人为高尔基“说情”：“老师，我觉得这篇文章写得挺好的。”

我说：“那好，说说看，哪里好？”

于是学生讲到：“氛围营造得好，动词选用得好，激情抒发得好。很有感染力，我挺喜欢的。”

我说：“不然，我们怎么会学一张传单？”

一个孩子说：“越有感染力，越要保持清醒。我就挺喜欢海鸥的，怎么他那么写呢？海鸥也不是坏鸟……”

由此说开去。生硬象征其实很笨，不要再学。

最后讲到俄罗斯文学。很热情地诉说广袤的土地，白雪覆盖的荒原，清凉的格瓦斯，西伯利亚风雪之路上的人们……说一个又一个我珍爱的名字。

读读他们吧，哪怕一点点。

让我们彼此更加了解

了解的愿望从误解开始。

作文讲评课，我按自己的标准“圈定”几个同学的作文来朗读，大家点评欣赏。作文题目是《××的滋味》。课堂一如既往地平静恬和，挺好。为了弥补因我个人偏好而可能造成的偏差，我说：“同学们把自己喜欢的同学的作文推荐给大家——想听听谁的？”因为写过“作文评语三人行”，每个同学的作文至少有三个同学点评过，在一定范围内，他们互相了解，知道喜欢哪一篇。好几个声音说：“林泽恩，林泽恩。”

认真阅读学生的作文，一如认真阅读遇到的所有真诚文字，我记得林泽恩的作文写的是《离别的滋味》，分数不高，我看了不喜欢。当时心里暗暗说：“又是小学毕业，都写滥了，还有什么可写？”

虽说认真读了，可带着这样的心思，再怎么认真也还是有偏见。我不喜欢，学生怎么会喜欢呢?

林泽恩是班里最有特色的学生，疾恶如仇，爱憎分明，写文章一般比较理性，不擅长抒情。可今天他走上讲台朗读自己的文章时，却似乎变了一个人，声音变得轻柔，回顾小学时的朋友在最后照毕业照的时候怎么也没有赶来的失落和疼痛，到动情处，他读不下去了。班里也静静的，不少同学回想起自己小学的朋友、老师好久不见，也红了眼圈。

还剩两段，泽恩实在读不下去了，说："对不起，老师……我不读了吧。"

他不愿意高高大大的自己还在讲台上哭出声音来吧。

我说："好吧，回座位吧。"

同学们有节奏的掌声送他回去。

我说："泽恩的作文我是带着偏见看的，不听他读，我体会不到他的深情，对不起。"

旭光这次作文分高，他说："我愿意把我的分数跟泽恩换。"

我过去隆重地给他用钢笔加分，学生知道，我的作文评语偶尔会用蓝色、黑色钢笔写，写得更自由亲切，因为蓝黑表示"我是朋友"，是一个"诚恳的阅读者"，不是握有评判权的老师。

我说："带着偏见看，真不应该。抱歉，我来弥补。"

分数并不重要，重要的是我修正自己，做应该做的事。

晓彤安慰我："很多文章要朗读之后才能体会到好，老师不必自责。"

那天作文课开始我还批评过学生不爱惜作文本，很多学生的本子上有污痕。我说作文本要洁净，污损的本子给人印象坏，要有"作品感"等，说得很严重。如果我平淡说说也就罢了，孩子们看我说得严肃，很生气的样子，忍不住举手说："那天课代表送作业到老师那儿是个下雨天，一个初二同学撞过来，本子撒了一地，我们很多同学帮着捡起来，使劲擦，也还是有痕迹。"

这也是我不知道的。

那么说说"了解"吧。我给他们讲电影《钢琴教师》中一家人走向开往集中营的火车的那一刻的细节，哥哥对妹妹说："我想更多地了解你。"了解是一件不容易的事情，需要用心去做，了解了才会少误解，纠正偏见，才会心心相通。

学生纷纷说："快一年了，我更了解我的同学、我的老师、我的学校了……"

我理解泽恩，除了刚强勇敢、坚持正义之外，他还有这么温柔细腻的一

面，我更喜欢他了。

我问："泽恩怎么坚持正义？"

他们便给我讲，那次出去参加植树的活动原来是一场闹剧，不过站在那里当摆设，听市里领导讲话，看摄像的人跑来跑去，完全是走形式，他们原来想好好种几棵树的，可惜一棵也种不成……

回来泽恩一拳打在后门上，后门打了个洞。

他还不懂得克制愤怒，也暴躁了些。

旭光说："老师我提议，新作文就写《我真的了解了他》，好不好？"

学生都说好。

好吧，让我们彼此更加了解吧。

我们明白：山丹丹这样开

我一直说，我是一个"理论上"的爱花人，喜欢翻看植物图谱，认真百度一种花的名字，谨记孔夫子教诲——多识花鸟虫兽之名。

实际上，我往往疏于侍弄，对特别娇贵的花根本不敢养。去年过年搬回家两盆杜鹃，一盆深红，单色的，我喜欢，另一盆粉红和浅红错落开，我觉得有点闹，归他。

记得去年我们对话：

"木易先生，你的花开得真好，像假的一样。"

他说："你的开得更好，跟真的似的。"

我的那盆，后来很失败，懒洋洋，半死不活。另外一盆，花落之后，绿叶森森，一直水灵，朝向阳光的一边渐渐低下去，背向阳光的一面渐渐高起，整个像一面绿色漫坡。它慢慢地一丝一毫地倾斜，当被注意到的时候，已经基本完成了。

今年会再开花吗？

第一朵花酝酿很久，唯一的一个花蕾，一天天膨大，在一个阳光浓酽的上午，它打开了自己，舒展成一只大凤蝶的样子。雪还没有来的日子，打开窗子，阳光无遮无拦，更明澈，更暖和。微风过来，那一朵杜鹃深红花瓣微微颤动，欲飞不飞的样子，在最靠近阳光的地方，在绿色漫坡的边缘，在冬天。

接着不断有花骨朵诞生，一粒米那么大，更大些，不经意间开了，红的或粉的，都集中在阳光地带，一个鲜亮的聚会，安静美好。——今天打扫，看到有的花落了，看到这个花群的临近地带，一个两个花苞已经透出一线红了，再远一点一簇叶子中心也有最小的花苞了。

它们将会次第开放。

早一点或晚一点。

只要得到阳光和水。

它们自有自己的花期。

我更喜欢山丹丹这个名字，喜欢它们开在山野。即使盆栽吧——今天没有开放，阳光更浓的时候，雨水和关爱悄悄降临的时候，会开。

耐心一点。

分一个角色给你，你要吗

一次听课，《皇帝的新装》，我喜欢的故事。在教室里，我一般找最靠近学生的地方坐下，尽量靠近。有时候，一个孩子请假，我就会坐在那个空位，跟另一个孩子同桌。这样记听课笔记也方便，看学生表现也自然得多。

恍惚的片刻，我就是学生。

分角色朗读。四人小组，组长小姑娘问我："老师，分一个角色给你，你要吗?"我说："要，分吧。"

他们商量了一下，觉得不能叫老师"戏份"太重，就分给我来读"老大臣"。我捧起书本，静心听，等待到达属于我的语句，有点紧张，有点新鲜，甚至还有莫名的庄严。到了——

"这是怎么一回事儿?"我读得心惊胆战。

"我什么东西也没有看见!"我觉得自己就是那个绝望的老大臣。

"我的老天爷！难道我是一个愚蠢的人吗？我从来没有怀疑过我自己。我绝不能让人知道这件事。难道我不称职吗？——不成；我绝不能让人知道我看不见布料。"

这一段情绪变化复杂一点，要读出摇曳的姿态，有呼告，有自我审问，有坚决。

我尽力表现。有了上边的心理基础，我继续读出："啊，美极了！真是美妙极了!""多么美的花纹！多么美的色彩！是的，我将要呈报皇上说我对于这布感到非常满意。"

——我说出这些话特别自然，除了自己知道依然心虚，在愚蠢的皇帝听来，就"跟真的一样"了。

对了，骗子的话就是要说得“跟真的一样”，智慧的人一听就明白，鬼迷心窍的人听起来，很像真的。

三位学生表现不比我差，我们一起“进去了”。我继续安静倾听他们，隐隐失落：可以分给我多一些，我可以的。听他们也快乐，他们的表现也是我的。融入，原来只在片刻间。不再是教室里的“游离”分子，不再只是旁观者，那感觉很不一样。

我们组略慢。读完了，我们四个相视而笑，轻轻鼓掌。

有时候我都想举手发言。

在我自己的课上，我的学生会跟我“叫板”：

“老师，您读一遍我们听。

老师，您也写一篇这个作文。

老师，您也来一个角色吧。”

我一般说：“好的。”

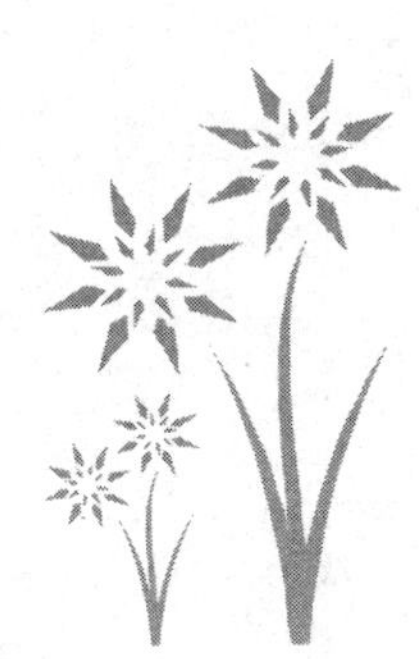

过什么样的教学生活

一起来读梅花诗

这个冬季，几乎无雪，无梅，也无友人。诗人不朽，他们安详的文字，像一只一只过冬的水鸟，在依然青翠的常绿灌木间闪烁，闪亮他们洁白的翎羽。他们错落的小令，像朵朵梅花，暗香浮动。

一起来读梅花诗吧。

李清照一定是喜欢梅花的，请看她的《渔家傲》：

雪里已知春信至，寒梅点缀琼枝腻。香脸半开娇旖旎。当庭际，玉人浴出新妆洗。造化可能偏有意，故教明月玲珑地。共赏金尊沉绿蚁。莫辞醉，此花不与群花比。

清照可能自比梅花，叫懂得欣赏自己的人好好看看，这是我独特的魅力——此花不与群花比！一个女子对自己应该有这样的自信，共赏金樽的人也在培养自己喜爱的女人的这种信心，他的眼睛里盈盈地盛满赞美。雪中庭院，雪后月光都在娇宠这一树寒梅，她也值得被娇宠，她洁净出尘。

再看《减字木兰花》：

卖花担上，买得一枝春欲放。泪染轻匀，犹带彤霞晓露痕。怕郎猜道，奴面不如花面好。云鬓斜簪，徒要教郎比并看。

据说这一枝也是梅花。想象一下，十八九岁的女孩子，鬓发如云，墨黑云髻间，斜插一枝含露红梅——端的娇憨喜人。就是容貌不是十分好，有这样与花比美的情致，也好看到十分了。就是单有梅花也好啊。

还有一阕《孤雁儿》，她在词前边说："世人作梅诗，下笔便俗。予试作一篇，乃知前言不妄耳。"

我理解梅花只需开，开在深雪中，只有一枝，开在水边，疏影横斜，开成微小香雪海，开在宣纸上，丹砂点染，或王冕一样，只给淡墨痕……

因为，下笔便俗。看看清照自以为俗的句子：

藤床纸帐朝眠起，说不尽无佳思。沈香断续玉炉寒，伴我情怀如水。笛声三弄，梅心惊破，多少春情意。小风疏雨萧萧地，又催下千行泪，吹箫人去玉楼空，肠断与谁同倚，一枝折得，人间天上，没个人堪寄。

我读来，并不觉俗，只觉得寂寞。不再插鬓，不再纵情夸赞，而说“情怀如水”，即使折下最美的一枝，也是自己一个人看看，共赏的人已经长逝。

下边的《清平乐》就更加颓丧了：

年年雪里，常插梅花醉，挼尽梅花无好意，赢得满衣清泪！今年海角天涯，萧萧两鬓生华。看取晚来风势，故应难看梅花。

品品《诉衷情》的滋味：

夜来沈醉卸妆迟，梅萼插残枝。酒醒熏破春睡，梦断不成归。人悄悄，月依依，翠帘垂。更挪残蕊，更拈余香，更得些时。

真的走进生命的寒冬。李清照词里出现的植物很多，满纸芳菲：春天雨后海棠绿肥红瘦，春天秋千巷陌，人静皎月初斜，浸梨花。夏天，曾那么可爱地迷失在藕花深处。写秋天的更多。满地黄花堆积，人比黄花瘦，终日向人多蕴藉，是秋天的木樨花。后来就冬天了。

寒梅一剪，落梅满地，梅花鬓上残。柳梢梅萼渐分明的春天，不再有诗人倩影。

只留下诗句，朵朵梅花。

咏梅的诗词很多，不仅李清照。《山园小梅》最有名：

寒夜

宋・杜耒

寒夜客来茶当酒，竹炉汤沸火初红。
寻常一样窗前月，才有梅花便不同。

西湖梅

元・冯子振

苏老堤边玉一林，六桥风月是知音。
任他桃李争欢赏，不为繁华易素心。

画梅

清・金农

老梅愈老愈精神，水店山楼若有人。
清到十分寒满把，如知明月是前身。

赠范晔

南北朝·陆凯

折梅逢驿使，寄与陇头人。

江南无所有，聊赠一枝春。

蒋捷说：“都道无人愁似我，今夜雪，有梅花，似我愁。”

辛弃疾赞扬梅花：“更无花态度，全有雪精神。”

最有趣的元代景元启的散曲《殿前欢·梅花》：

月如牙，早庭前疏影印窗纱。逃禅老笔应难画，别样清佳。据胡床再看咱，山妻骂：“为甚情牵挂?”大都来梅花是我，我是梅花。

“咱”是语气助词，“胡床”是椅子，“山妻”对自己妻子的谦称，就像“拙荆”之类，妻子看丈夫深情凝望梅花，有点醋意，半含酸半逗趣地问：“想谁啦?”“大都来”的意思是“只不过”。

物我两忘，花是花，花是我，花更可以是知己。

读几句梅花诗，花有了，雪有了。朋友是你，你也读梅花诗。

清 鲜纳兰

张王李赵，亲切平易，是好的。可是如果姓上官、慕容、司徒之类，就更好，好玩。

如果不是汉族更好了，羌族怎么样？就是满族也成啊——我以前一个姓李的同事，有一天突然跟我说，其实他是满族人，本姓叶赫那拉……我仔细端详他，果然不一样了。

开始仅仅因为名字，很美很轻盈的几个汉字：纳兰容若。名字可以让人好奇，怎样的一个人呢？《饮水词》说些什么呢？后来就知道了一些，念了几首，想起来再看看，再喜欢一阵子。

顾随先生把纳兰小令比成樱桃鲜藕之类的果蔬，应节上市，清鲜适口，却不耐咀嚼，缺乏“回甘”，——先生爱沉雄隽永的。用“鲜”评纳兰，也是一家说法。

白莲花开了，花下藕正嫩。

春天刚刚过去，樱桃熟了，红宝石一样的，深红到紫色的，还有奶白的，淡黄的，煞是可爱。写出这样文字的人，属于晚春初夏。

靠更多坚忍世故才可以到达秋天，忍受炎热饥饿，蚊子苍蝇的侵扰，学习算计谋划——才可能看到自己的叶子黄了棕了黑了，看到一颗瘦瘦的果子。要劈一垛木柴，才可以过冬。储存粮食干果，准备厚冬衣，才活得下去。

白雪皑皑，梅花盛开。没有猩红大毡斗篷，怎么赏梅呢？何况还要咳嗽，还要失眠，还要有心爱的人在冬天离开，远走或长逝。

冬天的悼亡，写不成小令。冬天的悼亡诗，是沉默，是千里家国长卷，是坚硬如铁的冬天的树木。等待——等到满头霜雪，也等不到什么。寒冷，很随便就无边无际。

每个人生命里既定的寒冷，不紧不慢，准来。

留在四五月，芒种刚过，姑娘们忙着在新荫的树上扎五彩丝带饯别花神呢，落花成泥，衣香鬓影间，没有了你的她。悠悠吟来："风絮飘残已化萍，泥莲刚倩藕丝萦，珍重别拈香一瓣，记前生。"

泪眼盈盈。瘦，苍白。浅淡颜色的衣裳，米灰象牙白、月白，或许一抹茜霞，略有些绯红意思罢了，喜欢这颜色，或许怀念一段往事，赌书泼茶的往事。

最浓艳的季节，口耳鼻舌身都有不销残的印记。如此多情，如此多情言语，也依然是"欲言之情，百不一吐"。怎样的春天？怎样的初夏呢？萦绕徘徊，不舍就留下吧。秋天的凄凉，在《秋窗风雨夕》里，冬天的冷寂，在大雪中飘然而逝的大红斗篷的一角。

姐妹们更久更挣扎地辗转秋冬。丰泽的生命，宛如转蓬。

你听，惜春说："我虽年轻，这话却不年轻。"她冷笑。

可惜四姑娘没有过春天，秋天过早降临到她的院落。冬天也只是稍微错后的下一步，她已经冷透了。你听，探春说："谁是我舅舅？我舅舅年下才升了九省检点，哪里又跑出个舅舅来，我倒素习按理尊敬，越发敬出这些亲戚来了。"三姑娘的春天已经毁坏了，看起来完整罢了。您听听这口声。

谁嘱咐，留得残荷，听雨声？

残山残水残荷，残冬，留在四月五月，小窗夕阳正好，柳梢头，新月恰如心事，银亮的，将来才吟咏月儿辛苦：一夕如环，夕夕长如玦。此刻，行乐趁芳华。

是啊，人生只如初相见，人生只如三生石上的盟约，人生只如小儿女口没遮拦，想说的冲口就说："这个妹妹，我见过……"春天才行。

是啊，当时只道是寻常。经历过秋天冬天之后，才明白很不寻常。

四月的鲜果凉凉的，是夜的凉，离别的凉，是春寒。《浣溪沙》说："今夜灯前形共影，枕函虚置翠衾单，更无人与共春寒。"无人与共，又一次泪眼盈盈，也应该明白，春之寒容易捱。

五月的鲜蔬，初夏味道。

一切都有了，一切将要有，却入骨忧伤。痛苦几乎与生俱来，来自灵河边，来自玉的纹理。

绵延几百年上千年还会延续的感动，不会因为锦衣玉食的优裕，不会因

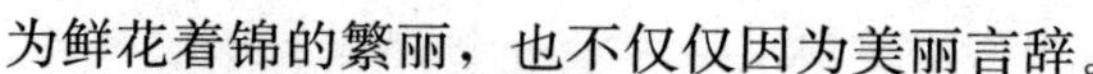

为鲜花着锦的繁丽，也不仅仅因为美丽言辞。

因为悲哀。

一个绵绵不绝的阅读的午后。

漫长葬礼。

落花流水春去也。纳兰的一首首小令，是零碎《葬花吟》。

连苦痛都清鲜，因为春天。因为好听的名字——纳兰容若。

散文之美，恰在枝枝叶叶间

——《从百草园到三味书屋》欣赏拾遗

一、信手拈来“水横枝”

《朝花夕拾·小引》里说：“广州的天气热得真早，夕阳从西窗射入，逼得人只能勉强穿一件单衣。书桌上的一盆‘水横枝’，是我先前没有见过的：就是一段树，只要浸在水中，枝叶便青葱得可爱。看看绿叶，编编旧稿，总算也在做一点事。……”

“案头清供”一样简单，不过一段树干，在水的滋润下，生出翠绿新鲜的叶子。面对它，炎热的心境清凉了，纷扰中似乎真的可以寻出“一些闲静”来。《朝花夕拾》便是在追怀儿时蔬果、早年旧事的时候，一篇一篇“枝叶青葱”起来的。

即使在这篇“小引”中，“水横枝”也不是非写不可的东西，或许只是恰巧书桌上陈列着一段，作者信手拈来，似无深意。但细心的读者会记住它，“水横枝”似乎隐喻了《朝花夕拾》的内容和风格。

文章几乎是面含微笑写的，展现一个小学童简单快乐的生活，追怀童年的人事景物，纯净透明。

《从百草园到三味书屋》更像一段青葱可爱的“水横枝”，水横枝的美，更在枝枝叶叶间。

二、鲁迅自己的话

鲁迅在《忽然想到》的一节里讲到：

“外国的平易地讲述学术文艺的书，往往夹杂些闲话或笑谈，使文章增添活力，读者感到格外的兴趣，不易于疲倦。但中国的有些译本，却将这些删去，单留下艰难的讲学语，使他复近于教科书。这正如折花者，除尽枝叶，单留花朵，折花固然是折花，然而花枝的活气却灭尽了。人们到了失去余裕心，或不自觉地满抱了不留余地心时，这民族的将来恐怕就可虑。上述的那两样，固然是比牛毛还细小的事，但究竟是时代精神表现之一端，所以也可以类推到别样。例如现在器具之轻薄草率（世间误以为灵便），建筑之偷工减料，办事之敷衍一时，不要‘好看’，不想‘持久’，就都是出于同一病源的。即再用这来类推更大的事，我以为也行。”

鲁迅在病重期间写的杂文《这也是生活》中又强调说：“删夷枝叶的人，决定得不到花果。”

散文中的任心闲话，就有枝枝叶叶的性质。没有这些枝叶，散文的美会流失很多。

三、“闲笔”魅力

1. 从容叙说，大家手笔。

娓娓道来，不急不躁。散文的妙处不在于叙说缜密完整的故事，却十分在意叙说的真诚和语调的亲切，也就是说有一种特别的韵味和情怀，一种神秘解难的东西从作家的性灵中流出，它反复出现，回环不已，让读者感同身受，跟随闲散自在的文字，作精神漫游，处处流连，处处风景。

闲笔不是漫无边际的东拉西扯，不是没话找话勉强塞进文段里的废话空话。“闲”是行文时的从容心态，是文章舒适放松的体态。那些“没要紧话”，作家写到一定程度才知道是极难得的，初学写作的人，往往把自以为重要的看得太重了，每一笔都要跟主旨密切相关，不敢稍微懈怠，不允许自己信马由缰，结果文笔僵硬，失去细枝末节的精致与趣味，读者看来，也感觉作者心态窘急，不留余地，“应试作文”一样，敷衍故事，看着累。只有真正成熟的作家，才会慢慢意识到，能写“闲笔”是难得的境界，是一种文笔自信。同样，能领略作者悠闲笔墨的趣味与深意，能从容阅读文章的枝枝叶叶，也是成熟读者的标志。

有些话一般看来确实可说可不说，但删掉它们，会显得局促单薄，不够丰赡博雅，目的性太强了，透出狭小气。

2. 精神丰沛，视野宽阔。

有人说，鲁迅的文本犹如核桃，只要突破其坚硬外壳，克服一层文体的障碍，就会发现其内心与质地何等细腻、丰美。这样的话可以针对鲁迅的一些杂文、一些小说，尤其是散文诗《野草》。就《朝花夕拾》而言，它的细腻丰美领会起来并不特别有障碍。因为这本书或者说书中的多数篇幅，都没有“坚硬外壳”，《朝花夕拾》的多数篇目，语言准确平易，活泼灵动，甚至还保留了儿童的天真。这种语言，是作者精神世界的具体流露，一个个饱满的字句，带着作者饱满的精气神，游刃有余的写法，又可以展现作者视野的宽度，他不是仅仅盯着一个点或一小片，而是纵横上下，掌控自如。我读过乔治·奥威尔的话：“思维的浅陋让我们的语言变得粗俗而有失精准；而语言的随意凌乱，又使我们更易于产生浅薄的思想。”——《朝花夕拾》的语言，有随意的闲散笔墨，但并不凌乱，顺着鲁迅先生语言的路径，可以慢慢走进他丰沛的精神视野。

3. 冷静雅洁，明达诚恳。

卡夫卡的名言：“情感的枯燥掩藏在热情洋溢的风格背后。”那么醇厚的、活色生香的感情，跟朴素诚恳的文字在一起，在随意涉笔的点点滴滴。

四、示例——《从百草园到三味书屋》

1. 主旨表述。文章通过对百草园和三味书屋生活的回忆，表现了儿童热爱大自然，喜欢自由快乐生活的心理。

2. 支撑主旨。首先是“乐园”之乐，其次是“书屋”之趣。这两方面可作主干的文字十分明显，如第 2 自然段，从多角度写出百草园是“乐园”，有“无限”的趣味。在这个主干段落里，依然有最主要的内容，就是一个孩子怎样无忧无虑、无所顾忌地沉醉在一个热闹的花园中，因为投入地游戏，感觉快乐。捕鸟是百草园冬天的兴趣活动，“无味”之“至味”。

三味书屋的学童生活岂止“读经味如稻粱，读史味如肴馔，读诸子百家味如醯醢”。他们的兴味有来自书的，也有书外的。陌生的事物第一次进入视野，总是新鲜有趣的，再怎么枯燥的生活，孩子也会从中寻出趣味。

三味书屋之味更需细心品味。

在表现主旨至关重要的主干之外，旁逸斜出的笔墨也不很少。

3. 枝叶逸出。不厌其烦地写花鸟草虫之名。描写“百草园”景致情趣的一段，种种动植物都有确切的名称，计有十几种之多。

在一个孩子的世界里，游戏是神圣的，而玩伴可以是小伙伴，也可以是花鸟虫蚁。幼年鲁迅沉浸在百草园的丰富生趣之中，似乎可以听到他很亲切地招呼它们，对它们说：“我都认识你们——油蛉，斑蝥，叫天子……何首乌，覆盆子，桑葚子……”

看起来似乎是常识，但许多人不知道。比较常见的写法是：

“不知道名字的鸟飞上天空，不知道叫什么的小虫子很有趣，不知道紫红的小果子是什么，又酸又甜……”

写出物品的名字是有必要的吗？是。有这些新鲜别致的名字，百草园之乐变得具体，幼年鲁迅沉溺其中的情态更加分明，对这些事物的情感更加真切。幼年鲁迅多识多智，因而也更能领会自然妙趣，这对阅读者也是一个启发。鲁迅眉飞色舞地回味幼年生活，这些具体的名物，宛然眼前。

“美女蛇”的故事及教训必须写吗？百草园是鲁迅的一段幼年生活的标志，幼年当然不只是陶醉在花鸟虫兽之中，还有别的趣味。其实，长妈妈的“美女蛇”故事并不是非写不可，就是写也不一定写得这样详尽，但如果去掉了，读者会觉得失去了神奇美妙的意味。这个故事，把读者从现时现实的世界引领到一个幻想世界，使文章平添了轻盈飞动的灵气。对小孩子听神怪故事的微妙复杂心理的描述，也十分引人入胜。那么后边两段，读起来很沉重，是否算闲笔呢？

“结末的教训是：所以倘有陌生的声音叫你的名字，你万不可答应他。

这故事很使我觉得做人之险，夏夜乘凉，往往有些担心，不敢去看墙上，而且极想得到一盒老和尚那样的飞蜈蚣。走到百草园的草丛旁边时，也常常这样想。但直到现在，总还是没有得到，但也没有遇见过赤练蛇和美女蛇。叫我名字的陌生声音自然是常有的，然而都不是美女蛇。”

从这样一个可信度很低、个别性很明显的故事，居然就得出了一个极端普遍性的结论——任何时候在背后叫名字的声音都可能是美女蛇发出的，这种逻辑的荒唐和长妈妈的郑重其事，形成了矛盾、反差，不和谐而且显得可笑，这就是幽默。鲁迅的讽喻就藏在这幽默的背后。但是，鲁迅并没有为此满足，接下去，不但没有指出这个故事的不可信以及长妈妈结论的荒诞，相反，他还写道：“这故事很使我觉得做人之险，夏夜乘凉，往往有些担心，不敢去看墙上，而且极想得到一盒老和尚那样的飞蜈蚣。走到百草园的草丛旁边时，也常常这样想。”这样，一方面，把自己写得很傻气的样子；另一方面，把长妈妈的故事进一步导向荒谬，愈是荒谬，愈是可笑，幽默感就愈强烈。

这几句的精彩在于，好像这样荒谬的故事，作者一直并没有觉察，连怀疑一下的智商都没有似的。这就不仅仅是对长妈妈的调侃，同时也是“自嘲”了。自嘲的文字总有它不可低估的分量，读的时候可以揣摩作者的写作表情：鲁迅举轻若重，一边写着凶险的教训，一边可能一脸顽皮地笑，这是个小陷阱：“你上当了，哈！”

整个“美女蛇”的故事讲得干净利落，有声有色。偶尔一句插话，起到“间离”效果，“却是睡不着——当然睡不着的”——提醒读者，这不过是长妈妈讲的故事，这句话又似乎跟读者交流：那种情形，怎么可能睡得着？读者读到此处，会心一笑。

六个闲闲的字，托出淡淡的谐趣之美。

沉重是一种读法，轻松也是一种读法。听了“美女蛇”“飞蜈蚣”的故事之后，郑重其事地总结教训，教训是“所以倘有陌生的声音叫你的名字，你万不可答应他”。话越说得一本正经，就越有意思，是早年体验在后来岁月里醇化之后，自然散发出来的清淡香气，淡而远。庄重的言说神态跟言说内容之间的反差，体现一种文字的张力，阅读趣味从此产生。内容的童稚化消解了语句形式的正襟危坐感，留下幽默与悠闲。读到这一句，“叫我名字的陌生声音自然是常有的，然而都不是美女蛇”，有人也会轻笑——鲁迅先生就是在开玩笑，别那么严肃。

多年之后回望童年纯真的岁月，即使恐惧也变得温润。散文像散步，一路走来，闲花野草，看看说说，即使牢骚也变得淡然。纷扰之中一点闲静，寂寞之中一点欣悦。如果读者认定“大有深意在焉”，暗示作者所处环境之险恶，做人之不易，也由着读者，喜欢一笑了之也无妨，可以做不同层次或不同方向的阐释，这也是这些边边角角的意蕴所在吧。

经典“捕鸟”之后：

“这是闰土的父亲所传授的方法，我却不大能用。明明见它们进去了，拉了绳，跑去一看，却什么都没有，费了半天力，捉住的不过三四只。闰土的父亲是小半天便能捕获几十只，装在叉袋里叫着撞着的。我曾经问他得失的缘由，他只静静地笑道：你太性急，来不及等它走到中间去。”

顺应读者心理，“我”捕鸟的业绩如何呢？——“明明见它们进去了，拉了绳，跑去一看，却什么都没有，费了半天力，捉住的不过三四只。”为什么这样呢？——且听闰土父亲说缘由——“你太性急，来不及等它走到中间去”。

捕鸟说起来容易，性急的孩子实际操作时却不易成功。但大雪，小人儿的完美陷阱，饥饿的鸟雀形象，通过“捕鸟”一段，已经跃然纸上，那么对于体现百草园“乐园”之“乐”，从“有用”方面来说，捕鸟之后一段似乎意义不大，但仔细揣摩，会发现“文外之趣”：

1. 冬天雪后捕鸟，不是一次性活动，更不是一次就成功的活动，“我”一次一次操练，“拉绳”，“跑去看”，看到即使罩住一只小鸟也会很惊喜，看到多了一只，又多了一只，更有可能雀跃。这样，“无味”之味才丰美。

2. “我”看到闰土父亲叉袋里的几十只，对自己捕鸟的技术不满意，讨教。再现当时情景是很有意味的。“我”看到叉袋里头那么多的鸟，应该十分惊讶，在孩子的眼里，“叫着撞着”的小鸟简直是个奇迹。于是，“我”问为什么自己不能捕到这么多，闰土父亲简单地解说原因，确实十分中肯。这一大一小的对话，是十足闲话，说话的人，也十足的可爱。

3. 一句话写一个人，耐人寻味的“静静地笑”。看到这样的笑容，可以体会闰土父亲温柔的性格，对孩子宽厚亲切。我自己还读出一点心酸。纷乱的世界，一个中年人安静微笑，轻言慢语，从鲁迅先生其他的作品中可以推想闰土父亲的相貌以及生活的艰辛，在小说《故乡》里，中年闰土形象可以作参照。他的心里有说不清、说不出的悲苦，但生活艰辛没有磨掉他内心的善良，他在经历过许多世事沧桑之后，对一个孩子静静微笑。微笑的甜润，微笑的宁静，微笑的善良，微笑的微微酸涩，都有了。

“三味书屋”的多数笔墨，都有闲闲写意的味道。写得平静，耐咀嚼。一小段一小段似乎大多可有可无，一件小事、一两个零碎细节，似乎没有深意，但随便删减哪一处，都感觉会伤筋动骨，彼此牵牵连连的才是一片可爱的何首乌、木莲，才茂盛、元气淋漓。

单说寿镜吾老先生读书的片段。

老师朗声吟诵，——其实是一种抑扬顿挫、回环曲折的歌唱，内容不再是半通不通的《四书五经》等书籍的零散句子，而是相对独立完整的清代武进人刘翰的《李克用置酒三垂岗赋》，寿先生读起来语调铿锵，尾音摇曳不绝，神情专注，甚至可以说他整个人都沉浸在赋文慷慨激昂的意境中去了，不然不会连身体都“拗过去，拗过去”的。老师这样的读书姿态给幼年鲁迅以深刻印象，老师的形貌在小孩子好奇的目光下，显得怪异有趣，沉醉读书，也对孩子有一定的影响，多年以后，孩子写老师如痴如醉的样子，漫画一样特别突出地呈现出来。

是写书屋读书生活，恰恰没有写学生认真读书，先是读半通不通的句子，再就是偷偷玩耍，真正读书的却是浑然忘我的老师。他读的文章又是孩子们不明白的，聪慧的幼年鲁迅，“疑心”是好文章。

整个片段用笔不多，但人物传神，是“渊博”“宿儒”形象的有趣补充，既可以敬佩也可以嘲笑，他古板、迂腐，但又天真可爱。一个这样用力读书的老先生，一定是善良方正质朴的——字里行间有儿童的愚鲁，不假思索就可以细细笑话别人，也有奇特的敬意和幽默。

有了这个片段，三味书屋的趣味生活就变得有核心，由老师到同窗，由屋内到屋外，由《四书五经》到汪洋恣肆的赋体文章，从入学的那只肥胖的鹿，到七年私塾学习的点点滴滴——是一段重要的、盘根错节的生活。

回首时，温情流溢在一行行质朴纯真的文字间，鲁迅也不再仅仅是一个斗士，幼时爽脆的乡间蔬果蛊惑他，让他说一些温润的话，成为一个和蔼的中年人。蔬果一样的文字恒久地蛊惑着我们，我们喜欢被蛊惑。

词牌曲牌，名儿真好听

一剪梅 我胡乱揣测，也许李清照喜欢这样的填字游戏，八个字之后四个字，四个字之后，再四个字，仄仄平平，就把闲愁说得凄婉，说得玲珑。也许她也喜欢这个词牌的名字——一剪梅，“剪”作量词，引人一步一步追想：谁剪的？在哪里剪的？为什么剪？送给谁？这一枝怎样在一个梅瓶安放？

一个冬日，大片梅林。赏梅的人，一段生活，穿鲜明的冬天衣裳。

相比人人会唱的李清照的“轻解罗裳，独上兰舟”，我更喜欢刘克庄的《一剪梅》，他说：“余赴广东，实之夜饯于风亭”——还没有读词，就感觉到清寒袭人，“夜饯”“风亭”，这几个字给我凉飕飕的感觉，是离别，好朋友之间。在我看来这种离情并不淡于夫妻、情侣分手。准备好凄惶、泪水——读得词来，却是明爽快意，且看：

束蕴宵行十里强，挑得诗囊，抛了衣囊。天寒路滑马蹄僵，元是王郎，来送刘郎。酒酣耳热说文章，惊倒邻墙，推倒胡床。旁观拍手笑疏狂，疏又何妨，狂又何妨！

好个王郎，好个刘郎！

端的子昂太白一般人物，有趣有趣。

“一剪梅”又称“腊梅香”，后者意境差很多，怪不得后来不见怎么用呢。周邦彦的“一剪梅花万样娇”，读来平平，意思都说尽了，不如“且看梅花”，或者贾母一样赞“好俊梅花”。

醉花阴 不用写词，不要写那么好，只这三个字就尽够了。想想湘云，酒醉之后，芍药盛开将落的季节，美丽娇憨，灵气沛然，让人忍不住说是一幅画。生命最值得珍惜的一刻，它的温度和香气，它瞬息的芳华，叫人心疼。忍不住要恳求：对她们好一点，停留更长久一点。

恳求谁呢？

写到这里，有点苦，甚至陷入思念。哪一个“你”，可以在恰当的季节、恰当的年龄、恰当的花开时候，来——醉，醉在花阴？

有过这样的片段时光就是福，幸福时刻，当然有人步步娇，因为有人念奴娇。

那时节，听她唱《减字木兰花》：

卖花担上，买得一枝春欲放。泪染轻匀，犹带彤霞晓露痕。怕郎猜道，奴面不如花面好。云鬓斜簪，徒要教郎比并看。

李清照，这么娇俏可喜，对自己的美丽，很自信。念一念，笑出声音。

而且李清照，不避情色，没有那么“冬烘”。这也是我欣赏她的一个原因，自然率真，该怎么就怎么。眼儿媚，点绛唇，踏莎行……

曲牌我喜欢风趣的。

耍孩儿 想起《借马》，那般爱惜，借马一天，割肉一般疼。爱马爱成那样，即使仅仅爱自己的马，那个人也太可爱，连自私都体贴温柔，再自私一点，也要原谅他。您看：

不骑啊，西棚下凉处栓。骑时节拣地皮平处骑。将青青嫩草频频地喂。歇时节肚带松松放，怕坐的困尻包儿款款移……

这个家伙，爱动物爱得多天真，玩耍孩儿模样。

叨叨令 真的絮絮叨叨，数落个没完。到固定的地方，还要说“什么什么也么哥”，读起来很好玩，即使是写刻骨相思，也给消解了。那个“什么什么也么哥”怎么也没有办法读出忧伤，似乎什么都看得透，唱着玩玩罢了，诙谐一点——苦涩就变得容易咽下，家国之悲、离乱之痛，都咽得下。

还有一个“好姐姐”。

丽娘唱：

遍青山啼红了杜鹃，那荼蘼外烟丝醉软……

缓缓唱，慢慢舞蹈——能多慢就多慢，梦里那样的慢镜头：后花园，如花美眷，似水流年，经不起一声裂帛。

试着记下细节

（一）

手边一本小小的书，叫《失群的鸟》，就是人们熟悉的泰戈尔的《飞鸟集》，我更喜欢叫它《失群的鸟》或《迷途的鸟》，喜欢鸟鸣一样的句子。寂静早晨、深夜，或不经意的任何时间，听到了，宛如风吹来了最爱的花卉种子，亮晶晶地落在毛衣衣襟上，落在翻卷的长头发上。

这本书的翻译者叫周策纵，台湾人。海外的本子都是繁体字，到大陆改成简体中文，他特别嘱咐从美学的角度要求保留“葉”字。于是，“葉”被保留了。

秋天的黄葉，没有歌儿，只叹息一声……

怎么就好看呢？似乎看到叶子皴染均匀的颜色，细碎清晰的筋脉，更珍重地落下，是鸟儿活得精致的翎羽。

是啊，不要一口气读完，叶芝说：“我每天读泰戈尔，读他的一行，便把世界上的一切烦恼都忘了。”有时候只是拿在手上，任喜爱的句子自己到来：

我的心啊，安静地坐着吧，别扬起灰尘。

让世界自己找到它通向你的路。

暗淡的日子，这些句子就是光，微光。

这几天喜欢什么都“淡淡的”，茶、菜和阳光。中午一个人在有树的地方游荡，阳光真淡。法桐很久之后才发芽，被人工修剪过的树枝歪歪扭扭，强光下，地上的影子颇狰狞，今天只是一般的怪样子，有几分灰蒙蒙的温柔。白色母猫，轻轻地“喵——喵——”，我蹲下跟它说话：“你要做妈妈了，喵——喵——”它的肚子里应该有不止一只猫宝贝，它也喜欢淡淡的阳光，或许还喜欢我陌生的手，友爱地抚摸它的腰它的背，探到肚皮那儿，啊哈，几只呢？

对爱花的同事说：“深红山茶开了一朵。贴梗海棠也有粉红的。”

他淡淡地说起花。会议室的窗台上仙客来和红掌花朵都比外边的大很多。等待开会的时候，我站在窗边，靠近花朵叶子，靠近它们淡远的甜味香味。只看花，人很远。

一个悠长悠长的会。仙客来的耳朵听累了吗？红掌拒绝拍手。它们毫不掩饰地扑向外边更亮、更温暖、更清新的地方。它们努力背对这些桌子、椅子和“会”。就像画家莫迪利亚尼，临近死亡，不停地咳嗽，也要“让我向着光亮的那边”。

金子美铃也吟唱，向着光明那边。

光明在文字里，不怕夜晚。我藏好“纯金宝贝”。一篇文章太好了，不舍得看完，留一部分给今天，算一个礼物。慢慢吃晚饭，喝一碗淡茶，心里有很小的期待，那本书。它说，活得有知识。它说，在激情和思索中生活，不在乎名誉兴衰，保持住不可摧毁的天真。读出声音，笑了。

由于遥远不可得的爱，由于失去，不是吗？

生命变得更丰富了。

（二）

1. 那天老师们服装整肃，细格子衬衣，深蓝西式套装，各种各样的鞋子。那天有人来看我们学校，展板摆好了，各种课都好好上着。办公室尽力干净，别的地方也洗刷过了。课间小朋友两人到班主任处问：“老师，能不能上厕所？”

两个孩子很抱歉的样子，问得认真。老师笑说：“谁说不许上厕所？快去。”

笑过，觉得奇怪，觉得苦涩。

2. 去某校听课，课间去他们师生共用的洗手间。因为多了听课的这些外来人，那里一时颇拥挤。一个单薄清秀的小女孩已经做好自己的事，却不走，站在只有隔板没有门的厕位，挡住她身后的另一个女孩。她定定站着，给自己同伴以从容。她微微含笑，在一团混乱里。我心里叫她小莲。

3. 外出听布道。某君正讲得起劲，他说："我现在讲的是第二点的第二点的第二点。"这话叫人晕。

4. 一个孩子作文中批评一些活动弄虚作假，比如，说是去植树，其实是凑数儿听高层人士讲话之类，写得挺好。另一位同学在文后点评："我们生活在这样一个黑暗的牢笼里，还指望什么呢?"我不惊异他说这个，惊异他说得自然，仿佛说某个牌子的冰淇淋。另一个孩子说："永远没有纯净，这就是真理。"

5. 几个有过海外生活工作经历的人聚在一起谈笑，说起外国学生的"笨"，哈哈笑。最后得出结论：基础教育，还得咱中国，无与伦比。岂止基础教育，所有教育，在中国，都是货真价实的，无与伦比。

6. 一个孩子写一篇作文——《训人的滋味》。他写道："一想起小学生活，耳边回荡的是老师吼叫的声音：'你给我出去！给我回家去拿！不许坐下，站着，站直了！……'"他想："莫非训人很开心，不然为什么都这样呢?"他就要试试。到舅舅家看见小表弟在吃东西，就大声吼："吃什么吃?你就会吃！你的嘴是个筛子吗？看都漏了。给我放下！看你敢吃一口!"小表弟回自己屋里玩玩具，他又跟过去："玩什么玩？你会点有用的吗？给我摆好，放整齐！给我出去!"后来小表弟哇哇大哭，没办法止住。舅舅舅妈不在家。他只好把"训人实验"的设计过程如实告诉了表弟。

表弟不哭了，冲回自己的房间，拿一把木头剑扑过来……

7. 耘儿参加某重点高中免中考提前录取的面试。考官问："最喜欢什么书?"耘儿答："《红楼梦》。"考官笑："《红楼梦》？这本书不读五遍怎么敢说喜欢不喜欢?"耘儿说："也不尽然，没有灵性的人就是读了五遍也跟没有读过差不多。"众考官皆笑，笑什么呢?

耘儿的"红楼"评论片段：

"命运的虐待使妙玉感受到大观园中的小姐丫鬟们体会不到的痛苦和矛盾。别人生活在现实里，她只能置身于现实之外。她的现实是什么呢？是仅限于古佛、青灯、蒲团、经卷吗？又不是，在栊翠庵里，她还可以欣赏自己弄来的一些名贵华美的古玩，她的足迹还可以'偶出禅关'去和惜春下棋，深夜月明去听湘云和黛玉联诗，又还有意外的'来客'，宝玉来讨红梅，贾母率领大队人马闯入了她的'净土'……尽管她念着'纵有千年铁门槛，难逃一个馒头庵'这样看空一切的诗句，而现实生活的乐趣又让她无法杜绝。那么这个少女尼姑低眉打坐的时候，是在'因色悟空，因空见道'呢，还是苦苦地与自己的'人'的感觉搏斗？……"

耘儿考取了。

8. 筱昆说："就像焰火，突然升空，缤纷极了。这个世界突然多了许多颜色，丰富了。明白了，没有障碍，豁然开朗。小溪，河流注入海洋。蔚蓝辽阔……真幸福！"——她在说读书的感受。

（三）

1. 山樱、杏花不是一瓣一瓣落花的，一朵一朵完整地开，到既定时刻，微风一过就完整地落。还没有返青的草地，是疲惫的亚金色，粉白山樱落了一层。新翻的土地，昨夜春雨滋润过，生硬山风掠过，早开的杏花随风飘下来，熟褐色的泥土波澜不惊地收下杏花，它们似乎一直就是泥土的花朵。

萍萍捡了七八朵山樱，仔细用手托着，回去摆在一本书的封面上。让别人看见了要解释："不是摘的，是捡的。"其实别人并没有那么在意花儿的来历。

来送作业的女孩儿看见了，惊喜地说："花——"

2. 寡言少语的男孩子鼓足勇气说："老师，我觉得我作文的问题挺大，中午能找你说说吗？"我压住欣喜，平淡地说："行啊，午饭吃完饭，一点二十，我等你。"

他按时来了，我听他说。

有时候，只需做一个纯正的倾听者。他需要建议的时候，我开口，不需要，就好好听着，任他说。慢不要紧，打磕巴没什么。他在表达自己，他需要的勇气，他有了。

走的时候，一阵风跟他一起出门，风劲很猛。门"哐当"一声关上，声音太大了。

门又悄悄开了，他探进头说："对不起，声音太大了。"

我笑了："亲爱的，是风。"

3. 课间我混在学生群里，他们很习惯，该干什么干什么。有人理我我就跟他们说话游戏，没有人理我我也不觉得尴尬。等着上课，看他们拍手玩耍都挺好的。已经到初三的小伙子黄过来，两眼炯炯的，说："老师，我来给您报喜来了。我数学考了104分。"我跟他说"套话"："你自己努力的结果啊，你数学老师的辛苦啊。"他说："百分之七八十是您的——您给我的鼓励最多……我知道……一直知道，我忘不了。"

他："我正在全力以赴拼中考。考完了你要什么？"

我："不要什么，只要你老这么自信、这么开心就好。"

他："一定要点什么。"

我："一张卡片，写上你的几句话。"

他："我知道你喜欢什么样的：油画的，雅致的。"

他跑上楼，上课了。

4. 孩子们抄写作文的时候，我看书。玉同学眯着眼瞄我看的书，想知道书的名字。我走近他，对他展开书的封面、封底。他笑了，把书的名字写在手上。他手边就有本子有纸。他喜欢记在手掌，随他。

5. 宣言同学知道这节课作文，知道题目之后他忙里偷闲写完了。上课就把写好的作文给我看，颇得意，因为有一份独得的"成就感"。

他："我上课干什么？"

我："干你喜欢的事情吧。"

他："哦——耶——"

同学们安静作文。宣言把手举高，我去看他。

他："我没有可干的，怎么办？"

6. 一个孩子给另一个孩子点评作文，说："读你的作文感觉清新，就像吃刚摘下来的鲜黄瓜一样。"一个瘦同学给一个胖点同学点评作文说："看你的作文觉得生活很幸福，圆满得就像你的脸。"

7. 一位父亲用心教养女儿，小心保护她纯真透明的童心，又怕将来不认得"社会"，被"坏人坏事"吓坏。就跟孩子说："……有些人是没有灵魂的。"

丫丫："什么样的人？"

爸："有的人，你跟他在一起觉得不舒服，觉得很不开心。他眼神动作气味都不太对。"

丫丫："对他们那样的怎么办呢？"

爸："尽快离开。"

8. 紫花地丁是春天最美的细节……

9. 圆脸，很安静的孩子，有好听的名字。今天交上来的练习册要求写完的那一页一笔没写，她交一个没有写的作业给老师，认为老师不在乎还是……

"怎么回事？"我找到她，请她解释。

她说："我不知道我写没写作业，早晨收拾书包的时候翻了翻练习册，看见里边有字，我写的字，我以为我写完了。可能我看错了，看的另外一课。”

“你昨晚写了哪些作业你没有印象?”

“没有。我一直记不住昨天晚上我写了什么作业，真的记不住。”

听起来不像假的，平时也不是乱撒谎的孩子。那么是真的，真的写了什么不知道，做了哪些没有记忆，要靠第二天查看，查看自己留在纸上的痕迹，这样才能确认——似乎比撒谎还不对劲儿。

我迷糊了。

没有更多指责，只说：“回去补上吧。”

今天很忙，这个孩子的情形挥之不去，想写写盼望一场雪呀、听一支幽蓝幽蓝的 blue 啊，告诉一个我敬重的远方朋友我在听 blue，特别慢，假装很忧伤。品位一直不高，就是外国那种甜点心，缀一颗蓝莓，摇摇欲坠。

还有约翰那只甲壳虫。

大野洋子说：“看着所有的灯，直到黎明。”

可是，我累了，妈妈。我也困了。音乐也会死的。

我今晚本有“雄伟”的写字计划。可是那孩子红苹果一样的脸，慢慢说出理由的样子一直在晃，我真有点晕。

似乎我一直站在她旁边，温和询问，不辨真假，无计可施。

别的文字，也不来了。记下她，祝福她。

10. 看不见书的孩子。

家里来了亲戚，初二初三的学童两人，并坐在沙发上发呆，有点生分吧，百无聊赖的样子。我们家别的东西也罢了，不缺书。沙发上，地毯上，茶几上，饭桌上都是，床头、床头柜上也是，书房的书案上就更是磊磊的，乱七八糟。其中有对他们来说深一些的，也有很明丽的画册，有七七八八的杂志——觉得没意思，随便捞一本翻翻也不错啊，可是他们似乎看不见这些大大小小、厚薄不一、花花绿绿的东西。地毯边，一个折叠的木梯，一级一级踏步上我放着书，是个简易书架，就在他们手边，他们也看不见。我说：“去玩电脑吧。”他们立刻活泼起来，手里变戏法一样已经举起游戏盘了，似乎一直等我们说这句话，然后他们就心满意足地消失在我们的视野之外，在游戏世界沉醉。可我并没有深思熟虑说这话，几乎是冲口说的，他们意外迅捷的反应着实让我吃惊。

这样不理解今天的孩子看不见书籍主要是因为自己的习惯，比如书包里总有一本书，不看也踏实。比如稍微大一点的空闲就打开看看，看不到什么，在习惯里就觉得安全。比如那时候跟随夫君走亲戚，去河北有名的雪花梨之乡，那个最先富起来的地方。家家宽房大屋，廊下停的摩托车是本田的。没人闲话的时候，一个人坐在特别敞亮的大房子里，觉得人很小很无聊，就想找点文字看看。可是除了日常用品之外，一个纸片也没有。不是种梨树吗？就是果树修剪嫁接、雪花梨如何冬藏的书我也喜欢，莫非都藏起来了？好不容易寻着小学生课本一两本，一个字一个字珍惜着看《凡卡》，看小扬科。看到“乡下爷爷收”更加难过，看到扬科说“噢咿噢咿，树林里小鸟在唱歌……”，几乎落泪。后来不再喜欢去那里，也不喜欢越来越大越来越不甜的梨。

看不见书的大人很多，孩子正在上学，也看不见，而且一点不奇怪——一点不奇怪吗？

11. 翻找书的孩子。

今天是本学期最后一个工作日，开完“收口”会，就回自己地盘收拾东西，因为暑假要修整房屋，要调整办公的地方，所以要打开很久没有拾掇过的橱子柜子——也真该清理一下了。我们便顾不得吃饭，理出有用的，剔除没有用的，旧杂志、老教参、杂七杂八的论文集之类一会儿就垒起来一道墙。今天是毕业学生返校拿毕业证的日子，他们几乎人人如愿考上了自己喜欢的学校，一个个喜滋滋的，拿了毕业证也不马上离开，跟老师说说话，跟同学玩玩，看我们一通乱忙，就义不容辞地帮忙，一趟趟帮我们把书抱到临时存放书籍杂物的化学实验室去，冒着小雨，弄完这个的弄那个的，没有忙可帮的时候，坐在我准备卖的一堆书旁边。我说：“可以翻，喜欢的拿走，送人也成。”他们就认真挑选，几个孩子挑中几本书，打开一些文选、文集、旧杂志，就看进去了。微笑，沉思，或者平静，在等待帮忙的休息时间。

不知道有没有理由，我感觉这些孩子的路会越走越宽，走得轻松快乐。算感谢祝福也好，他们应该被感谢被祝福。算偏爱吧。

12. 坚持打队礼的孩子。

这一届初三离校的前几天，我去打水，从初三门外走过。孩子们大多进屋了，只有一个正准备进他们班，看见我，说：“老师好！”同时右手举过头顶，又草草放下，行一个不太规范的少先队队礼。这样的情形一般出现在新初一入学一两周之内，见到老师保持小学习惯，举手过头问候并打队礼，初中，没有少先队概念，老师一般不会还以少先队礼，只笑着说：“你好。”多数孩子很快明白了，不用行队礼，问好就可以。很快就没有孩子再这样敬礼了。可是为什么这个孩子这么久还改不过来呢？

黛玉进荣府能有多大？眼睛很管事，见一处吃饭的姊妹怎么对那盏饭前茶自己自然就知道了，不会“露怯”。改变自己原在眨眼间，就算慢一些，坚持三年不改，是不是过慢了？我比较感兴趣的是，一种什么样的力量使他坚守呢？队礼不队礼原也没有什么，别的习惯呢？不太好的那种，也坚持到“永远”？

随俗，看人家不乱过马路，我也不。看人家彼此微笑不说粗话，我也不。看人家助人爱人，我也对人好，咱快着点吧。

（四）

1. 向着你开放。

我不知道这种小菊花的名字，听说有种菊花叫翠菊，第一次买的时候，它是翠一样绿的，就给它叫这个名儿了。它们不只有绿色，还有紫的、朱红的、深黄的。我把并蒂的两朵送给耘儿，她微笑着离开，在路上跟越儿讨论花朵。越儿拿到我送的白色小朵康乃馨。她们知道我最爱小菊花。最爱的花送最喜欢的小姑娘，她们并不反感我明白表示出来的“偏心”。越儿说：“知道赵老师为什么喜欢翠菊吗？因为它向着你开放。”

耘儿记住了，告诉我。

圆脸，盈盈欲语。看着它，它面对你。认真、诚恳的花朵，小，质朴。有谁那么专注芳香地向你开放吗？你会不爱它？

2. 文字最接近嘴唇。

她开始不知道诗歌是什么，我试着告诉她。每天放学她都拿来她的涂鸦本，我们俩一块儿商量它们怎么“变成”诗歌。其实孩子胡乱涂抹的文字比中规中矩的东西美多了，就是诗歌。我不过煞有介事地教导她流淌感觉，陌生一点，要给人轻轻一碰……

有一天她写道：

如果我比铅笔更廉价
会不会比铅笔更自由？

她还写道：

抛掉吧，让我奔跑——像真的野兽。

还有：

我要在海边建造
两座石屋
大石屋里住着我

小石屋里

住着我的蝴蝶

她说：“随便说话一样，文字最接近嘴唇。”她叫韩雨。

3. 你不知道你有多珍贵。

我开始没有听清楚他的话。“你说什么?”

他重复：“你不知道你有多珍贵。”我真的不知道，除了我的父母亲人，还会有人跟我说这样的话。珍贵的，恐怕是肯对人说这话的孩子，是爱惜别人的珍贵。我一直以草木自居，属于自生自灭的那种，野火一烧就尽，春风吹也不一定生。他说“珍贵”……

4. 我来找你聊天。

沉默的女孩，容易被遗忘的一群里边的一个，连最温柔的老师也怕。老师，就是专门来吓人的家伙。有一天，她来了。我说：“丫头，什么事?”丫头说：“我来找你聊天。”于是聊天。我珍惜孩子的勇气，告诉她：“老师，也可以不吓人。”

有影响的事儿

有一年《生活杂志》选出过去1000年来影响人类生活最深远的100件大事，中国的有六件：

第七：火药武器。

第十：罗盘。

第二十八：茶叶。

第二十九：成吉思汗的欧亚帝国。

第五十六：宋代的饭馆和小吃。

第六十四：中国共产党的长征。

这些都是我从台湾人赵广超的书、我喜欢的《笔记〈清明上河图〉》里抄来的。繁体字，放大线描画里的细节。大船上靠船帮比较隐秘的地方，封闭得看起来有点特别的舱屋，可能是船上洗手间，岸上，坐在地上逗弄小孩的人很自在，河边店家伙计正撑起彩缎招子，板桌板凳都擦拭干净了。

汴河两岸的一天开始了。草寮小，三两张桌子，就像家里的凉棚似的。小伙计脱下长衣，准备干活。棚柱上刚拴的驴子性子躁，乱蹦。地上空的粮食袋子，瘪瘪的。

酒旗微微摆动，那天风不大。有的旗上写着“小酒”，有的写着“新酒”。

我最喜欢那些街边小店，买糕饼、点心的铺子、小摊，桌子上铺桌布，桌布上摆笸箩之类的东西，里边圆圆的馒头、包子、大饼，香甜引我垂涎。

还有饮料，叫香饮子，用姜煎好的茶吗？送外卖的一手端两个饭碗，另一只手似乎只拿了一双筷子——是为一个离不开干活地方的壮汉送的吧。他一会儿就开饭了。大酒楼楼上有人坐了从容吃喝。大箩筐里一筐甘蔗，有人

买，有人看。怀里抱着的宋代汴梁小孩儿，一会就大嚼清甜多汁的甘蔗了。水井很大，十字木架分割四个区域，可供几个人同时汲水……

不算壮丽虹桥，不算一艘艘大船，单是一个街角就足够流连。

长卷，并非要我们奔跑，且任性徘徊。

请原谅一种人喜欢懒散和游荡，热爱假日，只有安息日才创造。他们似乎洞悉了秘密，也不觉得很特别，就像清澈的井水不说什么，甘甜、沁凉沁凉，是它的语言。

如果狂喜，就画下来。一丝一丝柳，陌上青青。

如果承接他的狂喜，就替他画得更精细：各式各样的船、各式各样的车，说笑嬉闹做活的人们。石阶上，困倦了就睡吧。

我也喜欢，看了再看，看一幅画，许多年。

每一个细节，都是有影响的事情，丝绸的质地，花的香水，风的温凉和酒的滋味。

畅饮之后醉卧。醒来坐上犊车，到郊野去。一路有小丫头左右伴着，她们俩手持香球，你自己袖子里也藏了香球，香薰如云，一路尘土扬起香雾——女人才坐这样香艳的车儿。男人，在歇脚店吃东西，或者提篮小卖。到“久住王员外家”客栈楼上读书，案上清供什么瓶花呢？

一枝芙蓉？

蝴蝶扇动翅膀，之后大一点的事情发生了，更大的正酝酿。

而我只迷恋蝴蝶，蝴蝶过分斑斓的翅膀。我愿意到凉棚下听那位先生说书，爱上就要离去的男人和他的马，爱上可以疗治“酒伤”的香丸——不止香，还可以解酒。从此不怕宿醉的病。

喜欢太平日子，远离金戈铁马，不要英雄。

宋代市肆繁华，东西好吃种类多，有信誉的老店总店之外开分店，连锁经营。已经有广告，有金融流通，有可爱的“交子”了。大船顺汴河开出去，最远到哪里？

炊饼汤饼笼饼烧饼神仙富贵饼的香气跟随，玉羹琼浆流淌。有东坡，有《东京梦华录》，有宋江早起路过的早市，有灯火盈盈的夜市。一灯如豆也好啊。

三更投小市，买酒慰羁旅——是陆游。带一篮水果吧，上好的鹅梨……

品尝过诗句一样，从此不同。

有影响的事情，就是一树汁水丰盈的梨子吧，一个梨园吧。一群蝴蝶起飞，飞向很远的地方。

前一个夏天

寻寻觅觅（一）

曾经很郑重地问父亲："我将来做什么最好？"

父亲说："卖茶叶或中药。"理由是不用讨价还价，你可以问他："你要多少钱一两的？想少花钱，没问题，有啊！"

我迷恋的是那种气息。中药铺神秘的小抽屉，古雅的名字：茯苓，白术，生地熟地，独活……似乎暗示在寻常的生活之外，还有一个另外的世界，那里的植物，带着独特使命生长，特别瘦小或特别膨大，都是命定的。

苍白司药，小小的黄铜称盘，三个手指细心地捏起什么，多了，择一根放回。

一个大眼镜老人来看，一一对着药方审查……"哦，对了。嗯？马勃看起来多了……"

对茶叶没有太多感觉，现在很多茶庄都有小姑娘表演茶道，穿蓝色印花布衣裳。买来那种茶，大多淡淡的。

跟鲁迅先生学，不喜欢中医误人，可是行为艺术一样的气息，迷人哪。

有一天会看到古旧的街角，一家老药铺，坐堂老先生慢慢写下古怪的名字，掂量君臣配伍，琢磨用哪一种"引子"，追怀曾经的黄金时代，官不欺，民不扰，土匪都不打劫，安静地守着缓慢时光，需要的时候，以神仙姿态出现，面对垂危的病人，面沉若水——稍一思量，便下猛药，用药如用兵，之后病人霍然而愈，送来一个匾，上边墨字写了什么什么。

一副斑驳对联，岁月深处的，须细心方可辨认：但愿世人皆无病，哪怕架上药生尘。

哪怕是“show”，也透着古道热肠。

看一段散文，写一个人的父亲死了，棺材就要入土的时候，此人叫停，问送葬的乡亲：“我爹还欠什么吗？”

众人说：“清了。”

儿子吩咐：“那埋吧，我爹可以干干净净地走了。”

看到这里，我停留很久。

翻看旧书，雨果，再次抵达悲惨世界。在以前停留过的地方，看模糊圈点，看不褪色的语句：

“神父对冉阿让说：‘……还有我送你的烛台，你忘记带走了……你再来时，不必走园里。你随时都可以由街上的那扇门进出。白天和夜里，它都只闩一个活闩……’”

米里埃神父叫罪犯冉阿让“我的兄弟”……

米里埃诚恳耕种他的“园地”，是的，“精神是一种园地”。

他说：“我们的勇敢应当是宁静的。”

心里充溢以前阅读时没有的宁静，再次沉入。

文字也是一样啊，用它的人有多好，它就多好。它们可以鸡零狗碎，也可以散发灵魂的香气。

寻寻觅觅（二）

看《冷山》。爱情从来奢侈，被误解，被简化，面目全非，快餐化。呵呵，很正常。可是能够那样的爱，真不错，也真悲惨。——古典的感情，离不开这些揪心的元素。放达一点，及时行乐，被允许。印象最深的却是露比，埃达小姐的生活导师，被父亲一丢就是丢掉三年五年，怎样的童年？她的学校，在山野。

她野蛮粗鄙地走进埃达的院子。

她听《呼啸山庄》，她说：“I like it.”

我哈哈笑出声音。我喜欢露比，喜欢她野草一样的美丽。

记住细节。埃达说：“我不知道怎样保持微笑。”——谁又知道呢？很多的时候，都是无法忍住泪水。

没有办法保持微笑。就像海明威哀悼摄影家卡帕：“……想着他死了的这天，又长又难过。”我看《孤独是心灵的猎手》，看到辛格死了，后边的一叠，就看不下去了。我说：“辛格也死了，怎么办?”再没有一个倾听的人，没有一个貌似倾听的人，没有一个人专注地阅读你的嘴唇，没有一个人安静。虚妄，交流的虚妄，雾一样弥漫。孤独是必然的，可是如此决绝，连一点喘息的缝隙都不给，像纤秀少女埃达解释自己照片的表情一样，很严肃，无法保持微笑。

《帝国的没落》，希特勒的微笑却是深深的，保持时间比一般人长，像涟漪，收住不容易。他把最后的毒药小瓶放在年轻女孩的手里，说：“我宁愿给你的是别的礼物，一把银色小钥匙，或者黑巧克力。”

他和她，都微笑。

突然想起，许多人的笑，想起许多人。除了微笑，还有忧郁，碧沉沉的夜色一样的大眼睛。它们来了，为寻常的器物镀上菲薄银粉，温柔，亮晶晶。

看过不同的人拍的毕加索，有的顽皮像马戏团小丑，有的很严肃，简直教授一样，有的懒散甜蜜，大概新的恋爱刚刚开始。那些照片不变的是眼睛，用“瞪大”才合适，总感觉他有幼儿一样的“惊奇”，世界总是新的，摄影机和摄影师也是他要收藏的好东西，瞪得眼睛露出四边的眼白，一点不优雅，就那么大大地、直直地看着，目光闪电般照亮表层，拨开表层，看到潜藏很深的本质，因为独有的发现，他笑了或哭了。

于是亚威农少女，于是格尔尼卡，鸽子衔来橄榄枝……

我们的生活里，迷迷糊糊的眼睛是不是太多了？似看非看，视而不见，看不到宝贵的，不知道还有别的。

总记得用滑雪帽蒙着眼睛的家伙，在丛林里不用隐藏的时候，一定打开雪亮的眼睛，长久看星空，看丛林优雅的植物长叶，看斑斓的毛虫、蝴蝶和甲虫……看自己清澈的内心，之后说灰色可能胜利。急需彩虹。

摄影家雅克的哥哥会做很多漂亮的东西，雅克不会。小男孩雅克说：“从现在开始，我要把他做得漂亮东西捕捉住。”他盯着那些好看的东西，眼睛眨眨，一下两下三下，好了，记住了。

当然不能抵抗遗忘，为了保存，为了真正的收藏，他用镜头纪录。摄影，给瞬间以重量、体积、颜色和芳香——摄影，是给时间涂上香料啊。

还可以像七岁时候一样看吗?

还记得那时候怎么看吗？

先看看孩子吧——看看他们的眼睛，顺着他们的视线，嘘——看见了。

寻寻觅觅（三）

唐朝的一个家伙说，师者，传道授业解惑。他说得斩钉截铁。于是这句话从贞观18年一个庄严的时刻开始，经过无法计数的唇舌，一直说到现在，当然还会说下去。

韩愈琢磨出这句话，大概有点得意，满足地端然落笔。那一刻圆润饱满，憋着劲儿，千载万载，人们都得念叨。

然而……

这世界上除了这三件事，还有别的吗？那些"师者"怎么获得如此全面的智慧？而且很确定地"传""授""解"？古来圣贤本来就不多，当此任者，有几个？

主要是，动辄认为自己一个人就可以为一个事物下定义，就可以把唯一的标准答案绝对地提供给"大家"，大到千秋万代，无可更改，几乎所有哼哼唧唧念书的人都说："赞同赞同，可不就是这样？"

没有怀疑没有补充，也许有其他的说法，不够流传。这个说法，变成了从来如此。

周树人先生问："从来如此便对么？"

我迷惑的是：什么"道"？哪一种或N种"业"？怎么"传"？这个古老的行当，干得不马马虎虎的有几多？那些自己昏昏，还要引导别人昭昭的从业者，算不算"师"？

一群人在迷障中千秋万代打转，一个个拎不清，这样那样"近乎仁"，忽而在这儿，忽而在那儿，每况愈下的也是"道"。神神道道的上善若水，治大国就好像烹小鲜——就这一句，有的说意思是要"稳"，不要乱动，有的说，不用太多"调料"，食材本来就鲜得可怕，有的老实承认不知道——少数专家除外，多数人恐怕是"不知道"。宋代一伙人喜欢"格物致知"，那好极了，弄不好可以"格"出个"生物学""化学"什么的，可惜，王阳明端坐竹林，七日吐血而止，竹子依然"无风无雨亦潇潇"。据说朱熹"格"豆腐，觉得豆腐做好分量多出原材料，不大正常，莫非有"妖异"作祟？于是不再吃豆腐。按说，用心试验是解惑的好途径，可惜，后来读书人，格也不格了，一心只读一样的课本一样的注释，说大体一样的话，写出中规中矩的八股文章。

“惑”越来越少，所有答案，都有人提供绝对正确的。

“道”和“业”又几乎是一个东西。老师似乎不难做了。

只需几本松脆的旧书。

千秋万代过去了——当然是十分悲观的说法，文化依然泥沙俱下地流淌，文化里边总有珍珠宝贝。

今天呢？

在古雅的古代人的说法之外，可不可以发现一点新的——人、爱。

或许抖落掉包裹了太久的破铜烂铁，还可以跑得轻快些，像人一样奔跑。

或许忘记那些馆阁体冷冰冰的娟秀之光，忘掉四平八稳的骄傲，会有火，爱的火苗缓缓燃烧……

或许，有一个飞翔的家园，真的在寻找我们。

寻寻觅觅（四）

李之仪说：“避暑佳人不著妆，水晶冠子薄罗裳……受尽无人知处凉。”杏仁茶似的小词，夏天气息。词人冬天写锦被熏笼，夏天写牙床竹簟，都离不开佳人，脂粉香娃也是用来取暖纳凉的东西。

长短句里的女人，鬓云欲度香腮雪，单衫杏子红，懒画蛾眉的时候，苹末风起……她们住在凉爽的文字里，平平仄仄的身姿。写字的男人，其实不值一提。

快速离开“花间”。打开费里尼，文字已经看过很久了，再看就看他的信笔涂鸦，他画漫画，画自己电影里的人物漫相，画梦境。桃子一样肥腴的女人，黑豆似的小小黑色男人，他们生活在遥远的地方，在那里，很安详。看一会，天就乌沉沉的了，最早的雨，有自己独特的足音，走过槐树栗树的尖梢，急急忙忙。假期里看电视的时间很多，悠长悠长的韩剧，我偶尔看，演什么看什么。

一个严妆女人对另一个衣冠同样整肃的女人说话，缓慢地，一顿一顿：

“我呢，是知道的，那时候，你是，被，赶出，家门的。”

那一个说：

"他们，知道了，那件事，之后，我呢，就被，赶出家门了……"

长久微笑，浅浅呷一口茶，一丝不苟的衣裳，真安稳啊，夏天的衣裙，春天的温度，秋天的心情，薄云聚拢来。

费里尼说："电视是一场清凉的小雨。"费里尼如果画她们会画成缀满雪花的样子吗？依然会很胖很白，雪人似的。

电视剧，是续水再续水之后的那杯茶，放了很久才喝，过分殷勤的主人，为了招待你，昨夜就沏好了，后来又忘了再来照顾，当然越来越没有味道。

如果没有那么多次冲淡，还是蛮好的，甘，微寒，无毒。

茶和茶道女子。

也许相貌平凡，一摆弄玩具似的"茶道"道具，神情态度就好了，美得如一穗穗兰花。历来佳人佳茗在一处，女子端坐……本来摆弄的不过是一种植物焙干的叶子，煮沸的水，都很"热"，可是看下去，总感觉"凉"。像有人在引导你，到安静清凉的深处去，有人重复卢仝的《七碗歌》，不由得跟着进入意境，"两腋习习清风生"。

上边的内容是想象。我喜欢家常，用玻璃杯泡青茶，透明浅碧，微苦微涩，香气若有若无，也不懂许多讲究，喜欢给家人朋友一人一杯，说："喝茶吧。"

越来越像我妈妈说话的语调，辛辛苦苦弄好饭菜，也是简单地说："吃饭吧。"

说一些清凉的事情，在夏天。如果冬天依然可以诉说，就说温暖，像那些多情的词人一样，只是他们甜得腻口，咱们淡一些。打开《词综》，一下子掉进绮罗香艳窝，无处不相思，小时候，以为全都是女人写的，后来才知道不是。

即使落入相思阵，也可以若无其事了。

不动声色。

花木扶疏，幽窗静好。凉。

寻寻觅觅（五）

换个名字是一种逃离方式，很方便地完成虚拟的角色转换。提醒一下自己：你也可以不是你，可以游戏，休息一下。我是那山间石屋的梦，变成云朵；我是桌子上韩国木偶的梦，扔掉木盔；长裙化为翅膀，是蝴蝶，不管子夜凌晨，飞翔。

当然，这个夏天，行走在正午的日光下，一步一步踩痛自己的影子，走很远的路，只为了去拿一点东西，完成一件小事或者突然的工作。在路上，慢慢变成褐色，蒸发枯萎，也还是一个自己。

下雨的傍晚，没有伞，冲进从天而降的激流，感受快意和狼狈。已经落汤之后，路还很长，就慢慢走吧，一直走到夜色早早潮湿的浓黑里边。无星无月，黑得如此纯粹，不会哭泣，会暗喜，为这样纯真的夜色。暗喜的人，也是自己。

不过那个人可不是我。

那个据说动不动就来小资一下的伙计。她在摆弄茶具，清心品茗或喝咖啡的时候，我在洒扫，一点一点擦拭楼梯的立柱。她在凝望窗外洁白山岚的时候，我在削土豆，削干净之后把土豆切丝爆炒，装盘上桌。来我家的孩子们不知道怎么的特别爱吃土豆。不过胡思乱想的，依然是我。我想：凡·高画《吃土豆的人》的时候，眼睛里是怎样的光芒呢？虔诚，悲悯，热爱，还是坚忍？想着那些有着土地颜色的亲人，把土豆丝炒得酸辣可口。还想汪老头在张家口坝上清凉的夏天，怎么画土豆。花，块茎切片，叶子、土豆花掐一把插瓶，算是一种“清供”，画过的土豆，就埋到红彤彤的柴灰里烘熟，吃了，也是一种土豆生涯。阿坚说常吃土豆的人肤色脾气会像土豆，那也没有什么不好，围坐一处，咱就是吃土豆的人。

那个说话甜甜的也不是我，在家里，经常有人说我河东狮吼。

声音失去弹性，温柔？只是偶尔的事情。

那个谈吐得体，装得很像的人也不是我。我一般说傻话，掉渣冒泡，傻得足够。

到咖啡厅，本该慢慢地饮，轻轻地说，但我会急急忙忙地吃完喝完，问：“什么事？快说。”

接电话，一听，柔婉的声音：“你在哪儿呢？”

我知道，完了，又来了——一个喜欢打电话聊天的姐妹。我总是不合时宜地问：“您有什么事吗？”我虽然不热衷电话聊天，也不讨厌。我的意思是，如果有事请先把事情说完，不然扯了半日，再说正事，似乎不对劲。要不就大家清楚，根本没有事情，只是聊聊。

那个健步如飞的人是我。

走路的速度超过许多人。他们掠过，掠过。我追赶，前边有你的身影吗？

那个躲起来的人是我，躲在很深的树林里。那个常常走进“里屋”的，那个对很多事情不在意的，那个敏感脆弱的要死的——是谁？

如果你认识她，请你喊出她的名字。她会一如既往地跟你玩，玩到所有的人都回家了，我们绝不回去。跟你一块淋雨，下雨了，跟你一起往外跑……

你说：“快快写字啊，那会儿你不知道名字的人在厨房里，香喷喷的红豆饭熟了。”

寻寻觅觅（六）

我们的电视基本是“乐盲”，这是我热爱舞蹈大赛和花样滑冰的一个原因。一般情况下，绝对没有音乐，除非——《同一首歌》。

那个姓梁的小子不阴不阳的，原来干什么的？

有人回答：“他呀，以前是天堂动物园里的——一只傻仙鹤，不会唱歌，也不会跳舞，整天唧唧呱呱不停。养仙鹤的仙人给他聒噪得受不了啦，一脚踢下来。

落啊落啊，这里正好缺个主持人，顺理成章。”

我们大家多喜爱这样的一个人，他混合了幼儿园女人和破锣公鸭音，说呀说。那些过气的、半过气的、马上就过气的唱歌的人，在他的呼叫之下，不显得特别衰。

因为没有音乐，在黄金时段，只能宠爱他们。

找不到食物，虽然深度饥饿。

它们盛放，含着哀伤。

她们丰美，香气浓烈。

寻找它们，拨开瓦砾，擞干净血沫，拉开厚重的铁门。大多时候，力气全都耗费在这些动作里了。门，依然庄严地堵在那里，没辙。

好在没有人阻挡季节的脚步。夏天，可以青翠的地方满眼青翠，花朵忍不住开放。你看，硬骨凌霄不怕 38 度曝晒，开得泼辣。你看，野生牵牛花，幽蓝的眸子在杂草丛里一闪一闪。

它们，舞蹈；它们，吟唱。

川端康成说："如果说，一朵花很美，那么我有时会不由自主地自语道：要活下去。"

他说："美是邂逅所得，亲近所得。"

寻找总是刻意了一些，亲近不得——怎么办？

打开一本书，邂逅一个有趣的人，亲近他，通过文字。在文字里放纵自己，安放自己，有的文字点亮你、擦干净你、洗涤你，有的文字给你安适，可以休息在一个人文字的阴影里，躲过白炽光线，躲过38度。

麦草垛暗黄的阴影，软软的，睡吧。蜀葵一朵高过一朵，那是家乡亲切的花。

没有负荷，所有牵绊都剪开的安息，如愿地打开自己。睡吧。

45分钟后，你会醒来。因为这个夜晚，传说中的蓝月亮悄悄上山。

断章

若断若续（一）

1. 年轻的次生林，年轻的鸟儿急着筑巢，鸟窝就在微微仰望的高处，可以细看。跟我一起数鸟窝，一个，两个，三个……十九个。十八个都是用旧树枝做的，一团一团焦墨。只有一个，枯黑里边间杂着春天的鲜绿，四月暴青的枝叶。我想：这一家住的鸟儿，兴许叫阿赫马托娃，叶赛宁或者马格利特·阿特伍德。她说：

“我愿意送给你银色的
树枝，小白花，一个
将保护你的词语……”
绿色的词语。

2. 度过甜美如樱桃般的孩童时期，变成渐老的女人男人，光华内敛，或许没有光华。库切说：“平凡得像一片面包。”梦想依然，依然是库切的——一片开满南瓜花的土地。

3. 平凡的日子，身边人亲如手足。很少想到“爱情”，这两个字我很陌生。要说也都是别人的话：爱情让人惊奇，她的水淹没你。爱情是意外，是天赋。爱情是狡猾的蓝狐，月光下，谁要定义她，她将身子一扭，消失在人的视线难以抵达的远方隐秘之所了。传说，她一直在。

4. 米格雷这样说萨福的诗歌：“虽然不多，但朵朵是蔷薇。”路过刚刚孕蕾的一棵虚弱的十姐妹，我说：“虽然不多，但朵朵是蔷薇。”

5. 告诉我你读什么，就知道你是谁了。

6. 许多物品、许多人、许多词语，都是冷冷地拼在一起的，让人看了心生寒意。

7. 走过留下爱恋或创痛痕迹的地方，开始需要勇敢，后来那些地方没有什么不同。一座城市一条弄堂，一个季节一个房间的号码，渐渐回到本来的样子，念念不忘也好，滋味其实平淡。

8. 记下春天，也记下尘土。我们的城市喜欢为了一个运动的集会修整道路，于是一半城市开膛破肚，一半城市瘫痪，于是尘土落在咖啡吧、夜市、菜摊、车顶，落在人们的头发、衣裳和目光里，落在花枝嫩叶上。孩子们在尘土中走路。当人们"期待已久"的会结束，勉强的整洁流畅也结束，仅有的自由也戛然而止。很奇怪，尘土不停止。

9. 以为《集结号》是讲一艘船的故事，一艘纸船或一艘苇船。人们说不是，我就不看了，《色戒》也不看了，已经有连篇累牍的评语堵在那里，看不成。只是想提醒：热水澡也不是随便可以洗的。姑娘们，不要相信米色蛾翅的时刻。不要自顾自说："他是爱我的。"其实，没有人爱。

10. 放下笔，任他荒芜，任他糊涂，杏仁一样安静。

若断若续（二）

1. 倦于读字的时候，读画。看明艳马蒂斯，看安详伦勃朗，看夏加尔。摄影家杜安说："夏加尔太甜了。"是的，当太多苦涩、太多沉郁、太饿的时候，渴望甜美。夏加尔，便是寒冷夜晚的食物。人如果想飞，以现在的体重，翅膀需要多大？询问搞科学的人，他说："至少要 20 米。如果是个胖子，那就更没准了。"夏加尔："飞翔，不需要翅膀。"他会让你想一些好玩的问题：绿色脸庞的小提琴手，琴弦颤动之后，音符紫葡萄一样，是不是？横躺的诗人的思绪跟静默的枣红马、白山羊、静默的枞树、草地一样湖水般平静吗？蜜月漫无边际吗？凡·高希望画出"米勒理解"的画，夏加尔告别冰雪覆盖的俄罗斯，返回欧洲。他说："我敢肯定，伦勃朗会爱我的。"——你希望你的文字谁喜欢呢？

2. 阅读目光。其实是回忆。追想谁的眼睛明澈，谁的目光温暖地注视。除了几个我喜欢的人，除了我喜欢的作家、诗人、画家的照片，不很相干的熟人，我想不起他们的眼睛。走出家门，一天——不用一天，只要走一段街就够了，审视的、漠然的、干枯的、鄙视的、厌恶的……在这种种目光之

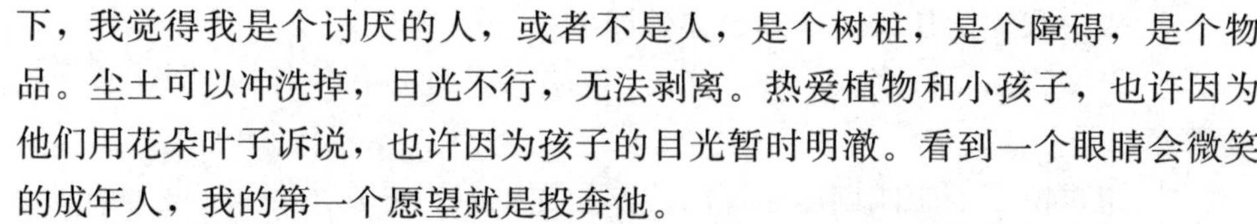

下，我觉得我是个讨厌的人，或者不是人，是个树桩，是个障碍，是个物品。尘土可以冲洗掉，目光不行，无法剥离。热爱植物和小孩子，也许因为他们用花朵叶子诉说，也许因为孩子的目光暂时明澈。看到一个眼睛会微笑的成年人，我的第一个愿望就是投奔他。

3. 唱山野之歌的女孩子说：“我在那棵树下唱歌，对面寨子里的人也对着我唱，我唱歌的时候，小羊蹦啊蹦，围着我。现在，我多想我的小羊啊……”光怪陆离的舞台上，她说她想念她的小羊，她的眼里溢满晶莹的泪珠，盈盈的，就要落下。我转述这话的时候，声音哽咽。远离羊群的人们，也远离了歌唱，远离了蓝天，不会想念一只小羊了。

4. 我珍惜给我讲述童年的人。外国电影里，有既定甜俗情节。一讲童年，就要相爱了。我们的语境不同，认真讲述童年的人来了，“那个遥远的阳光灿烂的夏天”就来了，那天至少是一首诗、一朵莲花的生日。那一天，樱桃熟了。那一天，把绿色还给草地，把嫩黄还给鸡雏。

5. 夜晚，一丝一丝月光的弦被纤细的风的手指拨响，月白的声音落到溪流里。溪流婉转。你说，流淌的是我们，不是溪流。是的，多年以后，溪流还在，像那个晚上一样，平静收留月光的私语。我们，没有办法回去。

6. 我喜欢涂鸦的人。费里尼画饱满得像桃子一样的女人和自己电影里的人物，杨德昌在粉红的纸笺上画什么呢？秘密的个人色彩和线条，灵动跳跃，诉说他的手、他的肺腑。达·芬奇涂鸦，著名的《凯尔斯书》也是涂鸦之作。我看到柏林墙上涂鸦的时候，第一次知道，绘画，可以暂时取代自由。

7. 今年过去了几个月了，最难忘广州火车站的铸铁护栏，扭曲得不成样子，如果不说，不知道曾经是铆在地砖上的护栏。350 万人挤压在一个有火车停靠的地方的四周，申请什么遗产的证据。一个红衣女子，因为获准回家，喜极而泣。一个男人把手臂伸出车窗，方便面等开水。冰雪世界，等待融化。

8. 就像一把椅子和另一把椅子，一个声部和另一个声部，一声叹息和另一声叹息，一只靴子和另一只靴子，兄弟般在一起。亲近一个人一本书，把握一小段命运，一块慢慢吃土豆，让吹过田野的风也吹到我们身上。来吧，兄弟。

若断若续（三）

1. 发生了那么多，写字，快乐地表达自己，是罪。轻薄的文字，距离救赎最远。没有办法深邃，就率真自然一些吧，脂粉到底污颜色。可是唇边的那个句子呢？野果子一样衔着的，脸上还笼着它的甜香，它就没有了。这样消失多好啊。就这样消失吧。

2. 想对一个孩子说："亲爱的，让我读书给你听。你再扬起葵花一样的小脸，你顽皮些吧，我愿意看见你撒欢、你大口吃东西、你的两只小手满是活的泥土。背上书包放学啦——我看着你过马路过小溪，看着你牵着那个你喜爱的小姑娘的手，看着你的背影，很久。"

3. 随手翻书，翻到的是这样的句子："我已失去你，我从未拥有你。"

4. 我看到大群蝴蝶飞过。想到扑蝶，没有人画：一双小手捧着的一只落蝶，翅膀残破，挣扎着动一动，不再动。落蝶比落花悲惨。蝶衣之美，不堪人手沾捉——周作人说。能够飞翔的时候，尽情飞，嘱咐蝴蝶，放纵蝴蝶。

5. 小雨之后，花期已过的棣棠又开几朵。这几朵小黄花，更叫我驻足。我说："好好开，兄弟怡怡。"种在古代家园的花，还有一个慈祥的名字，叫"和客"，祈祷兄弟和乐。想起我凋零的兄弟，想起我。此刻我在，也是幸运的，是偶然。我是，不过是明媚的残留。

6. 又落雨了。干燥的花瓣，单薄的花瓣，含不住雨水。如果我能够用花瓣堆积着花瓣，把你从黑暗带入白昼……我不能。

7. 孩子的作文里记录着刚刚过去的春天，记录远足。她说："我太快乐了，快乐得停不下来了。"今天看这样的欢笑文字，想起写字的孩子微笑起来月牙一样好看的眼睛，我哀痛。能给你的都给你，尽管：

我能给你的全部
是在生命里，那么长又那么短的
一小片回忆

若断若续（四）

1. 读你，读到诗尽灯残。惊奇你双眼清澈，怎么没有云翳，没有"世世代代的迷雾"？

2. 哀伤让我低垂。我不把自己的字句加热，因为我知道它们熔点很低，依靠寒冷，保持微弱的坚硬和苦涩，只要升高一点点温度，它们就变得可口，变甜。之后因为柔软哀伤。

3. 剥椰壳需要耐心，需要技术。泉水在厚厚的墙壁之后，穿过它，才可以抵达。缺乏耐心或技术，就安然停顿在“未完成的时刻”。

4. 在伟大的传统中获得才华——如果有伟大的传统。或许用小一点的努力，擦拭一些词语，让它们恢复本来的光泽，重新获得表现力，使用它们，宛如第一次。

5. 一直不喜欢科幻电影，那一天看了一个科幻电影的结尾，一个孩子对另一个孩子说：“在未来等我啊。”我说一遍这几个字，满眼泪水。

6. 睡梦中流的眼泪是我生命中所流的最真的泪，书上一个人说。

7. 雪已经融化，雨将要停止。溃决之前，有勇者千方百计。大地的疮口会慢慢愈合，之后长出妖冶饱满的蕈子。心里的伤或许永不痊愈，带着深痛，活下去，活下去才不会错过新的苦难和奇迹。

8. 用大抓笔写“会过去”。墨汁未干就挂起来了，笔画淋漓，向下流淌，这几个字似在哭泣。这是一幅流泪的作品。

9. 不觉得习以为常，对窗外的鸟鸣。谛听，用更长的时间。如果爱不能相等，就努力做那一个爱得更多的人吧。坐在这里，看上去不要太像被剥夺被摧毁的。

10. 客散酒醒深夜后，更持红烛赏残花。不可缺少的一刻，一个人轻轻呼吸。

若断若续（五）

1. 它们紧紧挤在一处，就像一直是冬天，需要彼此的体温取暖，它们大多单薄。抽出其中一本居然需要费点力气，一丝一毫往外抻，它们血脉相连，即使已经拿到我手里，仿皮封面皮肤一样温热，它在呻吟，藕丝没有断，它和它们集体疼痛。拿下之后再插回原处几乎不可能，轻轻拍拍它，安抚它，领养它。从此它居住在我的家，不再拥挤。跟茶、棉布、月光、兰、歌吟在一起，如果还有别的人，那也是好人，是喜爱它的朋友。从此你是我文字的孩子。

2. 每一步，美都对走路的人说：“停下吧。”不仅蒲公英有完美伞球，很多种野花都有，珍珠一样圆润。水滴凝止于最饱满、张力最大的一刻，充实，静。稍微沉重的呼吸，羽毛轻微触碰，就会终结这一刻。它们先是聚集群飞，之后散开。彼此依恋着分开，渐远。相似的人们也是这样依恋着渐渐远离吧？

3. 微风吹过，酢浆草白色的团花摇曳，风不停，它们就一直这样舞蹈，从夜晚到天明。早晨露珠无声落地，阳光下飞来肥胖的瓮声瓮气的野蜂，飞来浅蓝蝴蝶紫蝴蝶白蝴蝶，飞来娇弱的巧克力豆娘。我听见它们叙话，在距离耳朵很近的地方，安静的午后，它们说："我们的风，我们的家园。"

4. 我的脑子不够用，刚好够听别人的忠告。最多的时候，"别人"也并不忠告什么。我喜欢谛听布谷鸟野鸽子早起的画眉的话，它们不教诲，只是歌唱，也喜欢倾听刚会说话的小孩子、落雨及南瓜花触碰粗糙大叶子的声音。脑子不够用，不说话，听它们吧。

5. 像阿涅丝一样，经常感觉没有精力忍受别人的目光——我也是别人的"别人"，那就提醒自己，温柔地看，哪怕短暂一瞥也让目光柔和含笑，让目光笼罩的孩子花木安全。

6. 我看的小说里，一位母亲嘱咐自己的女儿，她说："嫁一个心地好、稍微有点笨的人吧。"是不是那样的男人会使家更像一个温暖静谧的巢穴，而且坚固？

7. 我微小的苦楚，不过是那只黑色雏鸦，在最黑的夜里飞，人们看不见它。后来我也看不见。

8. 毕晓普（多可爱的中国字名字）说："我们应该留在/随处皆可能是的家中吗？"洛威尔说："我盼望我的灵魂/会像海鸥一样归来/回到这块岩石上/最终海水，还是/太冷。"——这样把词语放飞在夜的海面，自己珍珠的灵魂藏起来，在最谨慎的那只蚌的灰白的壳里。故事，也敬谨收藏。

9. 无花果树下的人打电话给葡萄藤下的人："我不会完全死灭……"

若断若续（六）

1. 茶越冲越淡，我专注于这件事，想知道最后怎样。于是续水再续水，恶作剧一样不怀好意。最后我知道了，茶是褐色叶子，柔弱不堪。水是水，无色无味，常温下呈液态——只有温度才会改变水的姿态。我知道这种淡薄，折辱了泉，唐突人家碧螺春。

2. 蝉声怎么如雨？有一点像就拿来比方，像的地方是都以为有无尽的源泉，在停止之前绝不停止。

3. 我看见两条溪流汇聚成为新的一条，更加幽深更加清澈更加温柔，到

宽敞河段，平静无波。我看到之后它们再分开，即使没有办法弄清彼此，看起来你还是你，我还是我。

4. 细看《清明上河图》，看到旧日繁华，更多看到亲切。几乎可以闻到酒香，听到市声。仔细看，一个孤身小贩，背着袋子，里边装着他贩卖的货物，在市肆间躬身穿行。站在街边，掏出大手帕抹一把汗，继续走，他累了。我觉得他也渴了。

5. 浏览名人日记。名人多故事，有时候裙钗牵绊，勾留半日，时候到了便“执手相看泪眼”，情深意浓。别后日记——离开某地。

6. 我们奔跑，在诗歌消失的正确的地方。

一节平常的课，学读李白的“直挂云帆济沧海”。就要离开教室的时候，小朋友浩一君问我：“你不觉得他缺点什么吗?”“谁?”“李白。”

7. 在山间就赞美蜂农赞美菜农果农吧——他们值得赞美。只需甜甜叫声大叔，他就说：“杏子自家的，随便吃，不要钱。”杏子真甜，香气浓郁，唇舌肠胃体会得到。说谢谢，不要像黄山谷那样说话，他说：“看人获稻午风凉。”

8. 甲虫飞行，轻巧极了，它自己也得意，嗡嗡叫。它降落在粉团花上，午餐之前，细心折叠好粉红衬裙一样的内翅，内翅是生丝做的，很难细巧地放回甲翅里边，它真够耐心。浅尝之后，它又起飞了。

9. 金银木开了金色银色的花，依然是初夏的芳香。粉团花开了，浓荫深处，蝉声如雨。这样，无人听，听不见，没什么。

若断若续（七）

1. 骨骼粗大的男人，面对很多人讲话，声音清朗，中音宽厚温和，恰到好处地到达房间听众聚集的区域。稍微一扬手的高度，一串果子。骨节分明的手——签名却像一只瘦小胆怯的鸟，轻轻飞来，很怕不能立刻飞走。

2. 好看的字真好。它们参差错落，安静开放。你呼吸的微风掠过，它们在呼吸的微风里，起舞，那一定是爱人的呼吸。词语宛如第一次被唤醒，最美丽最脆弱的时候遇到，轻轻地呼吸啊。

3. 令我痴迷不解的是音乐和蝴蝶。音乐的道路也是蝴蝶的道路，蝴蝶轻易抵达的地方，我到了，你也到了。它奋力扇动翅膀，消耗自己，直到瘦削如柴，它这样才可以到达的领域，我只能张望。

4. 娴熟是奇妙境界。桃树娴熟开花结果，每一个果子都安妥放置，不像蹩脚诗人写诗，拼拼凑凑，七扭八歪，它们自己到来。你呼唤。娴熟是不是——风生水起？

5. 经历了太多不好过的日子，我只想告诉你——喜悦。

6. 有一阵喜欢日本俳句，松尾芭蕉、小林一茶都念过一些，念到后来听人闲话都听出“俳句”味。早起，父亲检看院子里的瓜菜，说：“不下雨了，来看葫芦花多白，瓜蒌爬过过道了。”

7. 她为什么从不停止歌唱，这个世界有那么美好吗？——看到好的人在好的居舍度时光，而且唱歌，我这样想。那是人的居所，不是暂时避难的尴尬之地。——我想：如果我儿子能够那样生活……

8. 有的书，第一次阅读就像重逢，第一次读的时候就想着将来重读的喜悦。记得这句子：“诗歌簇拥犹如人类的拥抱，只要它持续拥抱。记得被簇拥的暖，还要。”

9. 小笔记。我是一棵树，而且我很寂寞，我在雨中哭泣。我寂寞，最根本的原因是我甚至不知道自己属于哪个故事……如果看过这本书，就会笑了。这样的文字，比比皆是。

若断若续（八）

1. 路过，路过。衰草枯杨，曾为歌舞场。以前没心没肝念过的句子，突然回到嘴边，撞到柔软处。锐痛袭来，点化痴顽？至少努力——尽管接下去依然不化、不开、不变。

2. 夏天就要过完了，会议室里的花盆里种的还是春节的仙客来和腊月的圣诞红。仙客来一个冬天一个春天半个夏天都在听人们假模假式地说话，耳朵很快老了。圣诞红拿出所有血液来燃烧，似乎愿意烤暖哪怕方寸之地，可身边还是冷冰冰，只有它们自己更红。

3. 将真诚推至细微之处，推吧，你的手我的手，毕竟在一起。

4. 想起一些过早死去的人，他们一生没有品尝过真的巧克力，小时候经常听母亲说“代藕粉”。今天的一些糖果，成分说明也诚实地写着“代可可汁”，味道相似，口感也乱真。真的香气没有了吗？

5. 再次遇到《海燕》，发现只喜欢第一句“在苍茫的大海上……”，后边发生的让它自己发生好了。无法再满怀激情地吟诵，怎么办？

6. 契诃夫说：“我们在卑屈和伪善之下，已经很疲倦了。”——我把“伪善”两次打错成“强权”。他同时也很讨厌女演员，说了一些不忠厚的话。

7. 七月，野鸽子整个早晨都在歌唱，而今年的七月就要消失。

8. 这个季节越来越适合使用这些词：苍秀、苍沉，朋友们也越来越充实沉着。我总是对那些青枝密叶间深藏的果子着迷，它们是能够把握自己、获得纯净的幸福的朋友。

9. 我们就餐时不祈祷，尽管我很想很想呼唤你的名字。

若断若续（九）

1. 摧毁一个人的某种渴望最有效的方法莫过于过度满足他，让他厌腻。忘了谁说的，不是我。

2. 我读书，越读越柔弱。在他人精神的栅栏上攀缘一回，来不及开出柔弱的小花，转身就是滚烫坚硬的夏日之墙。

3. 最幸福的事情是设计一把椅子、做一把椅子、画一把椅子。这木的香，是他内心悠远的思绪。你喜欢也可以说："我的禅思。"我不懂禅，但我知道凡·高描画椅子的时候眼睛里有泪水。只为你，兄弟。

4. 不代表什么，也不要别人来代表我，可以吗？背着沉重的"国家"旅行，太累了。我听到"没有一个人不……""是谁谁的希望，也是全……的希望"之类，就糊涂，怎么可能"全""无一例外"——我怎么想的，你怎么就知道了？

5. 领导说，每周五下午最后一节做好什么什么，利用周六周日审核……下周一必须交上。我敏感，怎么能这样随便认为那两天不可以干别的？我不懒也不特别反对加班，我不理解的是，怎么说得如此不假思索？

6. 开一个杂货店，把糖豆一颗一颗数给孩子们，颜色只有简单的几种。做一个笑容可掬的杂货铺老板娘，以前说过这个理想。在街角，好的。很窄的旧木门。来啦？棕色糖豆？有。

7. 难静，难黑。今夜无眠，下一个夜睡不着，陷入灯光和语言的喧嚣。人无趣，衰老是自然的事情。

8. 身上缠好碎花布，跣足。在黄昏的伊斯坦布尔，谁的前世？

9. "他被生下来，劳作，又死了。"到这里就很好了，偏偏有下边的话："但是因为他的劳作，他死后的世界与他生前的世界已大有不同。"当然，他是亚里士多德。

若断若续（十）

1. 先自嘲一会儿，不然写不下去。你这些鸡毛蒜皮，这些针头线脑，这些……细小的花瓣，开始自恋。有人说，自嘲可以带来精神上的无比甘甜。

2. 记得伊斯兰教的圣训："将胃分成三份：三分之一用于饮食，三分之一用于饮水，三分之一用来空着。"认同这话，不痴肥，不贪婪，保持清贫和清瘦。

3. 窗外又随风飘进来花香，电视沉默。这样珍贵的日子，细细过。

4. 对一路狂奔、跑向水泥未来的孩子说："再停留一会吧，在有鲜花的地方。"

5. 拼盘杂耍很快就被遗忘，挤掉精神自由，抹去具体个人表情，你不在其中也会认同；一场盛大的胡闹。问一句：谁来做"形式背后空间的开启者"?

6. 大学要开学了，考试成功者将成批涌来。一张又一张木木的脸，相似的可怜模样。想起谁写过："可以成功就成功，可以死去就死去。"说点甜的祝福。他们还是孩子。

7. 光是消失最快的东西，跟爱一样，需要源头。

8. 周作人说："即使最私密的文字，也难不掩饰不做作。"而掩饰做作，不是故意，是修养不足。

9. 那是蓝色的风的生活……在路上，没有终点站，只有手提箱。

若断若续（十一）

1. 川端康成说："收藏起赤脚吧，秋天了。"

2. 南方盛产娇小的女子、精致的男人和水果，野蛮、粗笨意味深厚的果子也是来自雨水和阳光特别丰沛的地方，来自漫长的夏日。

榴莲是寓言，有多种解读姿态：厌恶、迷恋、淡淡的"我懂"。

柚子忠厚，火龙果妖异，山竹就是一个个小君子。我想念生长惊奇的树林，想念林中飞翔的女孩和树下酣睡的男子。

3. 想念"店里买不到的"，比如溪流，比如朋友。

4. 我并不悲伤，安然行走在"爱情之外""诗歌之外"。我只是喜欢，一个人看夕阳，不愿错过晴朗天气最后的酒红。当小山柔滑边缘只一滴颤颤欲坠的时候，最后的“贝丽珠”，最后的葡萄，最后的奇迹。一瞬，沉默。

5. 它们温文尔雅，字里行间的中年男人，要喝许多杯茶，经历很多不好过的日子。它们没有张牙舞爪的习惯，它们是我钟爱的书。

6. 掠过诗句，掠过沉思和独语，停留一会，为死亡、百合、雨水，为祈祷。

我爱它们
追求它们
依恋它们

——聂鲁达，他的“它们”是词语。

7. 我已经忘掉了留在伊斯坦布尔的我的小恋人的面容，但忘不掉她的乳名、她喜爱的丝绸颜色、她的气息。真爱过，有深情，人就不一样了。

8. 安静仔细地观察它，羊齿肥大叶子上的那只瓢虫，数清楚它身上的斑点。这是受世间宠爱的“成功人士”所不知道的乐趣，我们不告诉他——观察是至上的艺术。

9. 甬路边人们遗落了一片潮湿的泥土，素白石竹花在那儿安家。浅黑少年，看见小花朵就吹口哨，口哨随他的身影消失在街道转角的地方。夏天的石竹花啊。

若断若续（十二）

我把平时写字的大本子拿过来，翻开。画星号的零碎句子是有点感觉的，有的是即兴碎片，有的是“抄袭”，只是忘了当时在看什么，谁说了这话。天色越来越阴晦，这样的天色，人很难欣欣向荣，心情也凉了。

弄一点文字的木片，点燃，暖暖手。

如果也有你的手，能幸福片刻就幸福片刻。

1. 有时候我会完全忘记正在阅读的小说，我在另一个轨道上运行，遇到我的星辰和我的尘埃。他们的故事在他们的轨道上快速飞行，风翻过一页之后，思念，认同感和赞叹就都翻过了。

凉风习习的夜晚，壁炉的火光暗下去，在远离视线的房子里：

一个男人
一个女人
都中年
都美

他们说话。

突然——一定是突然的，电话响了。

“你好，是你……”

“……”

哈，你无法终止夜，无法终止深夜的电话，必然来的，谁能不叫它来？

2. 合欢花恐怕是最轻盈的花朵，轻如闲愁。夜晚刚刚来临，合欢树汁液丰盈的叶子就双双扣合在一起，地上线描的影子便更加疏朗。夕阳落下去，浅金色的光芒慢慢变成银灰，我愿意这样晾凉一些记忆。谁是那只穿云而过的鸟？这只鸟之后，夜就深了。

3. 忧伤让它越来越透明越来越晶莹越来越轻——是说一个白瓷茶碗，请你为它描一枝兰花吧，花朵、青草和美好的语言能治疗疾病。

4. 怎么找到要看的书？

心存“打点野食儿吃”的顽皮念想，胡乱去撞一个书橱、一家书屋、一间书房。顺藤摸瓜，看看那个黑衣的诗人喜欢谁，就他了，看他一阵子。朋友在读《小人物日记》《沉思录》。旧书重读，新发现，旧时春天的一朵翩翩紫云英，够你出神半日。

5. 莫泊桑说起自己的老师福楼拜有很多有趣的细节。说他有时候用一周的工夫，为了从一个句子中去掉一个他看不顺眼的动词。他致力于寻找那个真正唯一的词。说仅仅维克多·雨果这个名字便使他泪水盈眶。我喜欢这些陈旧质朴的人，喜欢亲爱的老师。

6. 晚秋，到田野去吧，去看望温和疲倦的母亲。采摘一篮紫葡萄，吃完这些葡萄之后，手里依然握好我们自己的更好的葡萄，它们也是来自大地。晚秋，聆听，采集大地喃喃的低语。

7. 当然会有邪恶、灾难、罪孽，即使童话里也不能完全清除。怎么这么多？这么随随便便就铺天盖地？来了，再来，又来，不肯走？怎么这么自然地渔网一样撒向孩子？在这种境遇中才会理解米沃什说的“一个人能够没有病痛地活过一天就应当认为自己十分幸福了”。如果恐惧不算疾病，还好。

8. 叫醒它们，那些玲珑的词语，叫醒贪睡的荷兰菊，叫醒蝴蝶。借轻度疯狂的节奏舞蹈，不管正午昏暗如夜，不管雨丝凉得像告别时不着边际的短句子，点燃自己取暖。

9. 然后，蒲公英一样，那么轻那么轻地着陆……

若断若续（十三）

1. 独立苍苔。深秋的冷，砭入肌骨。第一次恍惚：没有爱，什么也没有发生。重新敬佩杜丽娘，生生死死，一袭白衫裹着浅蓝魂魄。深爱，随便就省略沉重肉身。连判官的判词都有趣："丽娘啊，且随风游戏……"

2. 我更喜欢淡淡的迷恋。完成一个瞬间，接着下一个。如果没了，惆怅就重要一些吧。

3. 寻常树林，也住着盛装的秋。看树木青绿、褐黄、浅金的晚装，看他们巧换珠衫，依然安详，依然旧日富贵模样，我觉得暖，暖洋洋，凝望渐渐老去的亲人。

4. 在普里什文的树林里，你总会遇到你的水滴，遇到蘑菇，不用寻找，你的蘑菇等着你。秋叶一样的词语不需风，它们簌簌说："请收下秋天的礼物。"

5. 穿粉红长裤的女孩子过去了。

6. 今天，懒把黄花插满头。明天访菊，早晨六点四十的小圆花朵一样，整个人闪闪发光。那会儿，你的名字不再陌生宛如从不相识，你还是兄弟。吹过花朵芳香的苦涩的风，也吹到你的身上啊，兄弟。

7. 在一个安全的栖息地，制造奢侈一点的逸乐，制造糖果和诗歌。它们给生命甜蜜感觉，春天不离不弃，幸福优雅也不十分困难。过于漫长、过于被赞美的苦难，迫使温和的人也想喊"我要离去"。

8. 不要忘记萨福，不要忘记翠鸟的名字——嘱咐谁？

9. 你来吧，你是我的莲，冉冉地来。

若断若续（十四）

1. 走路去吧。

偶尔碰到向我问路的人，我熟悉的地方我就告诉他："大概要一个小时。"人家困惑："听说没那么远。"我很抱歉："我说的是……走路去。"咳，谁还会步行。我会。我喜欢一步一步到达不远不近的目标。感觉我的身体很好使，不飞翔也不被运送，我自己可以抵达，为此小小自傲。也喜欢步行的人——托尔斯泰。从莫斯科到雅斯纳雅·波良纳 200 千米，他步行五天，跟流浪者一道。

喜欢一球队，就因为它叫“步行者”。

步行，还可以听到生了翅膀的话语，它们自己飞到耳朵边来，蝴蝶一样落下。

2. 道听途说。

不管喜欢不喜欢，有时候一只鸟从头顶掠过。有一次，我以为是一只小鸟，它撞了我的肩膀之后飞走，我的肩上留下它蓝色的磷粉，瞬间我看到它是一只大蝴蝶。我担心它受伤，看它敏捷地继续飞行，路线很明晰，它没事。大多时候是小的，轻轻触动，就走了，那些从陌生人唇边起飞的声音：

胖胖的中年女子，其实并不显老，只是丰腴有点过。她对另一个女子怀里抱的小幼儿说：

“妞妞，你叫我爷爷还是奶奶?”

完全排除叫阿姨、孃孃的可能性，孩子看起来很困惑。我喜欢济南孩子叫“孃孃”，一家人一样。

一个婴儿肥阶段的女孩子跟另一个也不瘦的说：“我才不减肥呢，太疼了。”

减肥会疼？又不是割肉。

一对沉静的中年夫妇说话呢，女的说：“再怎么厉害的野兽也怕人，能躲就躲。”

一个南方小女子，白面直发，小巧玲珑的，说普通话不嗲也嗲。

我老公实验室里有两个台湾人，我们觉得好歹都是中国人，总归亲近些好，可没想到他们不跟我们说话，躲得远远的，还不如美国人呢。后来熟悉了问他们怎么回事，他们说：“我们怕你们大陆人，你们大陆人喜欢打人……”

我想起我朋友的上海房东，小老太太从没有到过长江以北，她说：“北方人不得了，动不动就扇人耳光，怕得很，怕得很。”

一位跟我妈妈年龄相仿的妈妈跟已经不很年轻的同伴说话，说的话跟我妈妈说的几乎一样。她说：“好吃的不贵，好穿的不费。难得是个‘好’。舍不得吃穿的人家也不见得怎么富……”

老太太穿戴齐整，头光面净。我想起我妈，看人家老太太，多看了好一会儿，老太太并不觉得我侵扰她，笑了。

3. 我也在说。

说《不朽》里的阿涅丝，她的勿忘我，她的最后的下午。说她家保罗，那么漂亮的人，大学教授，兼职电台播音，口若悬河的，自己从不厌倦，就轻巧地给人家炒了。经历过他才知道，自己心目中的自己跟别人心目中的自

己不是一个人啊。

依然煞有介事地嘱咐自己：好好教书，别的事顺其自然。修炼严重不够。

混乱年代黄永玉街头遇到表叔沈从文，表叔说："要从容啊。"看了这话我就流泪，或许因为太难。太难的事情照理很多，最难的是从容、自然。

4. 文字就是孤寂中的甜蜜幻觉，幻得好不好另说。

若断若续（十五）

1. 准备过冬。旧书旧衣旧友都仔细收藏，不喜欢说"人生若只如初见"。初见惊讶、惊喜甚至惊艳是很靠得住的，可惜有时候只是"惊愕"。他怎么会这样？是的，就这样。熟悉的旧人旧物安全，忘记初见的时刻，即使不忘，也不过曾寻常遇到，渐渐成为喜爱的，形状、气息、声音、味道都是"咱们的"，渐渐如酒，陈旧不是缺憾。冬天漫无边际，有这些，心不慌。

2. 想买一双舒服好看的短靴，迎接第一场雪。真的好像在记忆中已经穿上它们，棕红色越来越深越来越接近夜的颜色，破旧不堪，踏过千山万水了。买到的时候，仿佛遇到它们的童年，重逢似的。

3. 看一本书先看作者介绍，一看就迷糊。谁谁，诗人，小说家，哲学家，外交官。谁，诗人，总统。室内设计师也是哲学家。想问是谁拿走了我的另外可能？只能做螺丝钉，永远不可能同时是蝴蝶。问谁？

4. 走在晚秋的树林，感觉做画家好，幸福啊，居然可以画下午后，创造最独特的一棵枫树。画家跟树木一样耐心，用整个秋天染好一片片叶子。每一笔诚恳，每一次展开丰饶，都引我站立良久。我凝望，表示谦卑和喜悦，表示敬重。我说的是油画。我的残秋。

5. 你永远看不到本质的闪烁光芒的一面，或许根本没有。因为自古说"欢"、说"恩"、说"怜"，不说爱。一种遭遇罢了，记着就记着，忘了就忘了。

6. 他们需要看看世界再真的死去。于是红帽子一群，蓝帽子一群，白帽子一群，最惊人的粉红帽子也戴在六十岁七十岁的头上，他们沉默地挤进秋天的最后几天。有人在景山的石阶上摔倒了，黄色帽子茬在一处，堵住上山的路。

7. 我爱老了的树木。他们安详，他们老了，老得各具姿态，拒绝相似，坚守自己"不可替代的独特"，怪异得不为你喜欢。羊群只走有小旗子引领的路，害怕失群，丢了找不到，因为他们彼此相似。严肃地上去下来，偏离主要路线的寂静树林对他们来说，不在。

8. 无法上岸。一张脸就够了，覆灭。

9. 不在此时不在此地，独语好了，在自己的地狱——或花园里。

若断若续（十六）

1. 又读诗歌又看画册，还想过养兰花。生活就像赤脚医生的药箱，红药水啊紫药水啊都有，聒噪个没完，我家小伙子威胁说："哪天我闲了，就写《我看到的zz》。投降吧您呐，不怕？"

2. 我家小伙子明显是"学艺术的"，因为有学生证到每一家博物馆、美术馆、著名画廊都不用花钱，随便进去看。他说："可以到乌菲齐去避雨。波提切利知道吧？《春天》《维纳斯诞生》。"

3. 走过巨大玻璃墙的招牌建筑，小伙子还小呢，他说："这些房子一定得保留下去。"我问："怎么，你觉得好？"他回答："不好。要叫以后的小孩们知道，他们的祖先曾经这样愚蠢。"

4. 偶尔会说起梁思成独自在老城散步，城，城门，第二天就要拆了。我家小伙子听过几次之后不许再说："别说了，想哭。"

5. 设想小伙子在身边，又到那个极大的城市，看窗外高楼参差，颜色形状想怎么样就怎么样，大多霸气。我问："看到了什么？"他会说："荒凉。"

6. 他说："走在路上就是教育。呼吸也是。"

7. 他说："这是失去尊严的城市。"他说的是济南。我们是"异乡人"，肆意批评，也放纵自己的热爱。葵花肆意盛开的土地，安静的河边树林，可以做家园吗？当家园那样爱吧，即使寄居片刻。

8. 他翻译一首歌，叫《疲惫的蝴蝶》。(原文是西班牙语，以下是片段)

Vuela amor，vuela dolor，	飞翔的爱　飞翔的痛
que tengas suerte en tu vida.	承载你的宿命
Ay ay ay dolor，	啊　那痛
yo te llore todo un río，	我的泪水为你汇成一条河
ay ay ay amor，	啊　那爱啊
tu te me vas a volar.	飞离你我而去……

9. 我跟他说童年的一个早晨，蝴蝶晾晒被露水打湿的翅膀，颜色浅一点了，轻了，干透了，成群飞向花丛。

若断若续（十七）

1. 这些词语它们本来在哪里？我的手指怎么就浸透了它们的香气？不管是否晶莹，都散发弱光，微风是光的呼吸。我觉得神秘，词语是在家里等待呼唤还是如我一样很多时候游荡在山野？词语在的地方也冬天吗，如窗外一样，薄荷似的初冬？若有喜爱的人招呼它们："来呀，到我的灯光下，我的家就是你的家。"若没有，它们会不会寂寞。寂寞得噼啪响？

2. 最好的词语安妥放置在最好的位置，几乎就是诗歌。平常的词语，每一个都放在最好的地方，是散文。你们来了，多希望可以给你们安稳，希望你们彼此相识、友好、慢慢幸福。

3. 不是找到，也不是应呼唤的声音而来，似乎它们就在那里，白雾中白莲的蕾，黑夜里雏鸦乌木色的翅膀。没有理由也盛开，没有呼唤自然也要飞。拙笨的人，抵达花朵，机灵的小鸟落在你的肩膀。美好，司空见惯。

4. 它们要从里边点燃自己。它们不要别的，只需一盏灯，一点爱。

5. 它们是精灵，它们舞蹈。就像画家在恰当的时间唤醒了优雅线条一样，词语也给你沉醉，狂喜。之后，更美地静穆。

6. 它们侧身，朝向窗口，眷恋它们的光明。我的手引它们进入夜色吗？宛如我们被一点一点消损进入夜色深处的生命？引导生命的手是谁的手？

7. 做一个月光下独自摇动的木马吧。做收割之后稻田的稻草人吧。我在，我呼唤你、你们。

8. 沉在光阴的底层。

9. 升起，花瓣或羽毛。搬运词语，我是轻盈的西西弗斯。

若断若续（十八）

1. 使用某些特定词语——通常是辉煌和有气势的词语——从中得到几乎是肉体的快感，这是一个条件；另一个，试图说明永恒事物的简单而迫切的决心。有这两个条件的文字，就可以称为习作。谁的话啊？

2. 在冬夜，不敢再随意说"我们"。我们，说来轻快，有点甜。谁跟你一起过冬？彼此触摸漫长的这个季节，具体到每一天身体的温度，知道你降到冰点的"精神寒冷"？有模仿波希米亚风格的披肩就好，包裹好，自己对自己说："今晚比昨日更爱一点。"

3. 开一家蜡烛铺。蜡烛沉默的时候，沉默的玉石一样。一旦点燃，就格外活泼，让夜晚不那么黑，不那么沉。提醒自己：火苗一样活泼吧。还说，整个世界的黑暗也没有办法熄灭蜡烛的光焰。

4. 慢慢写，为您朋友中品味最精细的人来写。有人注视的文字，星辰似的闪烁。也愿意虔诚地，把微弱烛光献给路过我的草屋暂时不适应屋里黑暗的人，如果能够就照亮你一会儿。我的微光，只是一抹。

5. 而他如此明亮，仿佛只有今晚。

6. 文字的雪花，在北方子夜，静静飞扬。如果邂逅，白蝴蝶落在你的肩膀上，轻轻亲爱的是歉疚——谁说，寒冷来自北方。我在北方，越来越冷越来越重。放养我的文字，它们像没有一样轻，怎么敢僭越，说歉疚？

7. 我眷恋那些没有写出的文字，雪花之外，都是它们。浅蓝的自传碎片，松散，透明。

8. BOBO 说："你一直生活在八十年代。"我说："是的，我需要更多的时间启蒙。"蒙昧如霾。

9. 阿赫玛托娃跟画家莫迪里亚尼在一起，坐在雨中巴黎公园的长椅上，一把大黑伞遮没他们，他们俩背诵共同记得的诗歌。阿赫玛托娃跟曼德尔施塔姆在一起，每一行诗句都活得好好的，伴他们重返年轻时无所顾忌的时光，而且大笑。月光，是可以这样跟它爱的在一起的。黑暗季节，月光更加皎洁。浸透过月光的人还有微笑的古米廖夫，还有勃洛克？

若断若续（十九）

1. 缪塞说："我们不会再有这样的时刻。"写诗或者绘画，都是给瞬间再一次生命，或者勉强它永生。呼唤它，吮吸它。它醒了，越来越饱满。

2. 借自然光线读书，感觉光的存在，感觉夜在字里行间来到，真好。——偶尔遇到泥浆一样的文字，怕它们玷辱了干净的冬夜，赶紧换一本，明洁地打开书本和温柔心境，来吧，亲爱的夜晚。

3. 北方夏夜本没有萤火，可我总是遇到。遇到唯一一只，飞很远，越飞越冷离家乡的稻田越远的迷途的那一只，我不知道它的小小灯盏是不是也越来越暗，我说："你愿意时，就熄了灯吧。"

我将了解你的幽暗，并爱它。

4. 路过一家大学的院子，跟我一起的小孩不知道巨人的雕像是谁在做什么。我跟他说奥登的话："公共场所的雕像，只限于已故的名厨师，当然，在伊甸园里。”小孩儿嘻嘻笑：“名厨师?”我说：“对，做饭做得最好的，可能比较胖。”

5. 真的宝贝，要有一点野性。我重复阿赫玛托娃的句子：“野蜜有自由的香气。”

6. 失散之后，我们成为亲人。

7. 珍珠是蚌最不喜欢的东西——不用再说什么了。

8. 朋友信奉藏传佛教，家里安置若干个转经筒，电动的。我习惯早起，寂静中我一个人置身于转经的嗡嗡声里，忘了身在何处。藏香弥漫，蔬果鲜花，我到了远方？迷迷糊糊地，我听见有人对我说：“听啊，这是时间的声音。”

9. 欢聚，再次欢聚。屋角的腊梅花让他们碰落了，我一朵一朵收起。

若断若续（二十）

1. 读完一篇好的文字，知道什么是好之后，给自己一段时间休息。即使接着阅读，也无法亲近次好的和较好的。等好的感觉淡薄之后，阅读习作，才会重拾亲切——阅读自己，一样的粗疏、矫情、浅薄和荒芜。

2. 看一张脸就知道神圣和覆灭是怎么回事，它不知道肉占领了本来灵该在的地方。不被爱，不会被爱，永远不会真的被爱。

3. 一旦想到孩子将要面对的世界……躲避几乎是本能，很想像《甜蜜的生活》里的女子一样说：我想到一座孤岛上去，开满蓝色花白色花的很小很甜的岛。

……若我为你，
为了攀爬的孩子，
即便是在冬季我也会绽放，
春天的蓝白花朵。
——奥斯卡·王尔德写给树木的话

4. 忘了谁说的，我经常忘记说这些重要话语的人，记住了他们的话：“如果文字没有表现出人类存在与人类心灵的顶峰和深渊，一个孩子的死就和一只绵羊的死相等。”此刻我听一支歌，名字是《Gile Mear》，是个被呼唤的名字吧。我听到安宁的忧伤，想起的是《穿条纹睡衣的男孩》里两个男孩的名字，他们死在一起，不知道煤气室外边的大雨似乎在清洗世界。很久之后，一个完全不相干的人，一个血脉相连的我，继续哭泣。

5. 一个孩子多年以后对教过他的老师说："我自卑虚弱惧怕，从来不知道自己喜欢什么、应该喜欢什么，好像没有大脑也没有心一样，但有一点我明白，这一切都来自——我受过的教育。"

6. 血和泪会有影响吗？

7. 看看格拉洛夫也好，像尼尔斯那样，一滴不漏地看。

8. 让我这样沉静地迷失吧，这是我爱的。

9. 我能够描述一本书的封面吗？能描述蝴蝶的翅膀吗？能再现西府海棠花蕾的红颜色吗？我能期待一张没有写字的纸一样期待洁净的我自己姗姗来临吗？我能推动巨石吗？我能一点哪怕微微一点都不取悦他们吗？我能阻止什么？

小草很少有事可做——
一片纯净的碧绿世界
只能孵几只粉蛾，
款待几只蜜蜂……

——艾米丽·狄金森说变成干草也有神圣的香味，怀抱阳光和梦。

若断若续（二十一）

1. 小动作。洗干净盛山桂花蜂蜜的蛋形玻璃瓶，它水滴一样晶明。倒入清水，让它等待月光下一枝白丁香。

2. 小念头。如果遇到博尔赫斯魂游中国，送他一幅中国画《虎》——谁画的好呢？送他一把有名字的剑，送他青铜镜，送他一部《庄子》，带他去迷宫废墟。对他唠叨："我也只对平凡的事物感到惊奇，比如玫瑰有玫瑰的香气……我们也在难以忍受的困境里，而且做梦，梦里边那个最深最难的梦，也会爱上马塞多尼奥……赞美……"

3. 去看满坡新绿吧，文字是枯枝败叶。北方此时，一款香水的名字叫"四月"。

4. 落花一样轻？雪花一样轻？灰烬一样轻？影子一样轻？脚步沉重地，踏过。

5. 小造句。沿着你词语的溪流走，你是源头。

6. 小疑问。如果有足够的悠闲，女人们会不会更美丽一些？美丽得或许各具姿态？温和一点？——如果某一天没有看到一张不耐烦的脸，那就是奇迹的一天吧。

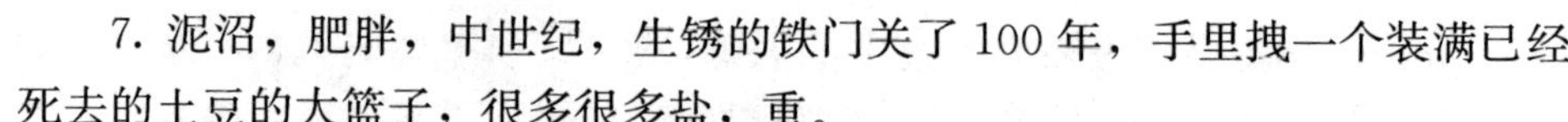

7. 泥沼，肥胖，中世纪，生锈的铁门关了100年，手里拽一个装满已经死去的土豆的大篮子，很多很多盐，重。

8. 有的文字滋味却是清远，悠远。远远的，迷人。

9. 怀着全部的爱去喜欢吧，夜色再一次降临。

若断若续（二十二）

1. 不论闻到芳草的香味、香料的芬芳，还是嗅到甘果的甜美，我们都得为这喜悦而祷告。——笔记本上再次遇到以前记下的句子，遇到兄弟一样。遇到一个能够交谈的人，没有林间微风，没有花朵，也喜悦。流水一样低柔的谈话，创造富裕充实的湖。（湖边你睡过的石头的香味，流过午后温暖过你的双手的水底的火焰，火焰的香味……）

2. 遇到一句话，全天就靠这句话。自由不羁的词语，野性的词语，刚刚诞生的蕾。

3. 这是帕斯捷尔纳克的答谢电文。

极其感激，
极其感动，
极其骄傲，
极其吃惊，
极其惭愧。

之后，他拒绝接受这个奖。40年之后大提琴独奏巴赫D小调组曲中的“撒拉班达”，为他，为他的尊严和才华，庄严大厅中的人们似乎听到哀伤的吟唱：

喧嚣声已沉寂，我走上前台。
身靠门框，留神地细听，
我要从往事的余音之中，
揣度出我今后半生的历程。

电影镜头闪过茫茫雪原，闪过那简朴的小屋，闪过小屋洁净的暖意，花朵在瓶中在窗外盛开。他写诗。

许多人欣喜地打开这本书。

4. 是的，如果水晶能说话，它一定用水晶的方式选择词语和语调，晶莹剔透的，沉默也是水晶的沉默。我不能选择蔷薇的语言，不能选择星辰的语言，只能用自己的、庸人的语言。我向往，泥土的语言。

5. 你不要祈求你没有的。没爱过，一生也过去了。

6. 像塞尚那样用一生的时间去了解苹果，画出苹果的甜美和疼痛，画出它们的欢乐哀伤。它们在了解的笔下，获得完整。平庸之辈，或许从来没有触摸过一只真的苹果，无法抵达任何一处河水的波纹、玫瑰、另一只手。

7. 童年的碎花夹袄，母亲的针线活儿。大朵牡丹花棉被，暄腾腾新棉花。父亲选老桃树向东的树枝为我刻一把半寸大的桃木剑，说："戴上吧，不再怕。"——抵御恐惧的装备，这么少。

8. 他们，他们是怎样被损坏的？最初的手是哪一双？我给一个满月的胖丫丫起名叫净源。最初的水，洁净吗？

9. 一直微笑，微笑吧。

若断若续（二十三）

1. 内心宁静的潜流不会断，如果有。

2. 初夏的某一个早晨，我闻到白色碎花的香气，有人说那是重逢的气息。重逢这么好。

3. 期盼中的邂逅真的在一条旧街的转角实现了，竟感觉尴尬，微微有羞辱感，似乎过于设计了。饱满自足地活着，拒绝"遇到"。

4. 弗吉尼亚·伍尔芙喜欢穿黑色衣裳，只有袖口和领口有白色花边。艾米丽狄金森在某一年之后，只穿白衣。她们消逝在黑夜，消失在月光里。这样朴素地消失吧，河水汤汤，涟漪不语。

5. 读过不少小说，留下较深印象的是《不朽》。不止一次喃喃："亲爱的阿涅丝，当我老了，拿一枝勿忘我。看蓝色花吧，不看我衰朽的容颜。"岁月累积在皮肤表面，似乎越来越紧致，可是依然不能抵御目光的利刃，每一天都完整的"遍体鳞伤"。

6. 读过之后盘桓不去的句子："苕之华，其叶青青。知我如此，不如无生。"

7. 忘记谁说的了："纯粹就是不要一心成为高贵或者强大的人，而是成为自己。"

8. 平平常常、痴痴钝钝的夏天，如果充实，就如《诗经》，如它的《七月》。

9. 日之夕矣。

若断若续（二十四）

1. 热。“嗡嗡嗡嗡”连绵不断的鸣声，我以为是谁家空调工作的声音。清晨还有初夏的凉爽。不会吧，靠近声音的源头，一棵大叶女贞，一树白花，成百上千的蜜蜂一起哼唱，给树戴了一顶褐色帽子。

越来越热了。昨天残留的雨，今天即将落的雨，还在天上。嫩蓝的地方飞着羽毛一样的卷云，灰的地方懒散堆积着积云。蜜蜂的甜美盛宴，到日落时才结束吧？

谁家滑稽的“西纳瑞”跑过去了，小黑狗，据说挺名贵。

构树铲子一样的叶子，大大小小的金色，散落一地。这构树热坏了？金色十月落叶似的纯黄。黄栌似花非花的丝状轻梦，越来越苍白，几乎是烟灰的颜色了。

那些称颂，亲爱的，不过是烟灰而已。

2. 林子中盛开的大叶女贞每一棵都是这样。躺在树下草地上，小型飞机盘旋就是这样“嗡嗡嗡嗡……”？知道是蜜蜂就不烦躁，有点壮观吧。我觉得喜悦，喜悦的深处也有轻轻哀伤，没有蝴蝶。

Pessoa说：“诗歌纯粹是在我头上停留一时的蝴蝶，仅仅是用它们非凡的美丽来衬托我自己的荒谬可爱。”

如果我可以说“我的朋友金色小蝶”，如果能这么说，将会多幸福。

弗拉基米尔·纳博科夫的父亲终生迷恋蝴蝶、蛾子，完成巨著《俄罗斯帝国的蝴蝶和飞蛾》。他不喜欢有用的昆虫学。他的朋友某伯爵希望他帮忙治理森林里突发的虫害，他说：“我同情你，但我认为，在科学没有提出要求之时去干涉昆虫的私生活是不可能的。”

耽于沉思、蝴蝶一样飞翔的人，追随者越来越稀有。

纳博科夫的母亲把丈夫沉重的蝴蝶巨著送给儿子阅读的一刻，想想就够了，目眩神迷。

“那是一个冬天天色晦暗的早晨，灯光映照在绘有中国鸟儿的漆得锃亮的屏风上……

母亲说：‘我给你的东西不会很有趣。’她这么狡黠地说。”

这样的父亲母亲创造这样的儿子。多少丰美的细节充溢心中，不写不成。

说吧，记忆。

3. 他们在不同的季节带来不同的果子。樱桃给你鲜明欣喜，春末的果子，请你在花阵里，品尝深紫。清凉的风吹过，有罪的人享受水果的片刻，也是神赐的福。

我爱杏儿。

麦子成熟的14K金黄，阳光成色最足的香，保留完好的杏花记忆。

还有一本画册，一个画杏花的画家。

一个安心眷恋的人。

4. 手机有点烫了。你的声音，遥远的声音，比甜瓜、艾草和节日还重要，重要一点点。晨光也如月光，在夜的尽头，看你酣睡。

我在做梦吗?

是的，你能创造你的梦境。

很美，不是吗?

老了，梦境依然光怪陆离。

童年幸福从没有离去。苦味的、干渴的日子，童年像记忆小鸟一样飞旋，在梦里鸣唱。

感谢赐给你恬静童年的人吧，即使有人给你一个阿里巴巴的宝藏你也不换，不感谢。

5. 半支莲星星点点。马蒂斯的《梦之布》，非洲少女的窄裙子，小竹椅上忽明忽暗的五岁孩童的眼神，木兰的“花黄”，回到最初很简单，它纯色的小手招引你。

试着明白，花朵深处的美丽。

在“花”这个词和滚烫阳光下静静芳香的花瓣花丝之间，有一段路。

懂得太少，说得太多。慢慢走这条弯曲的小路吧。

6. 我的朋友爱侠君说：“十年以后，回头看现在咱们做的这些，只会感到荒唐。”我说：“十年好像不够。”在荒唐里很久了，即使醒了一下，还会按惯性糊里糊涂做下去。

在城堡外边，我是K。

在回乡的路上，我是K，库切的那个。

开满南瓜花的土地。

累累南瓜。

南瓜灯。

南瓜车。

即使枯了，也充满浓缩的自己的甜味，也暗暗发光。

7. 十年，还不够完成一次沉思。

8. 他说："我只想休息，休息，休息。我感到十年二十年没有睡觉的疲劳。"他说："那么好的花朵、果子，那么清秀的山和水，想再读一读的书……"

他是瞿秋白。

有些事情真累人，站在西西弗斯的一边吧。

目击众神死亡，草原上野花一片。

秋白没有看到后来的诗，没有看到更厚的绝望。

9. 耶胡达·阿米亥的诗句。

我们挂起了许多旗帜，
他们挂起了许多旗帜。
以使我们以为他们是幸福的，
以使他们以为我们是幸福的。

我不喜欢旗帜，不喜欢用战争的术语说日常生活，不喜欢广场操，不喜欢学校肃穆的军营气息。

不喜欢旗帜。不喜欢杂技——从没有喜欢过，小时候看了感觉别扭，把一个小孩弯曲成打结的蛇。不喜欢魔术。

我喜欢蜜蜂在花树那里，在夏天，歌唱。

若断若续（二十五）

1. 她说："人们的好多努力，是为了让女人生下好孩子。"他说："神一样好的孩子。"

为此可以走近，缩短冰冷的距离，可以凛冽地活下去。

2. 稠李花像泡沫一样盛开的时候，他的私人旗帜会升起在他美丽的罗日杰斯维塔宅子的上空……

他是弗拉基米尔的舅舅，他郑重地送一片叶子给外甥说："这是世界上最美好的东西。"

我喜欢"私人旗帜"这四个字。

2. 当你饥饿的时候，我的托盘里有你喜欢的短歌——词语的小圆面包。

3. 如此平静。灾难到来之前，过去之后，一样的平静。

4. 是的，怎么怜惜流过唇边的一颗一颗时光？怎么联络你？越橘蓝莓有酒的味道了，走去采些啊。

5. 炎热的午后，夹竹桃高高的树冠投下花影，白色花的影子也是黑的，

夜一样清凉，夜一样香。那是另一个城市的午后一点四十二分，另一个人的瞬间。一个淡金色的故事。

6. 当一个诗人呼唤过另一个诗人之后，天空中的风和花朵会变得不同吗？试一试，对他说："我渴望……"如果你恰好处在跟诗人不远也不近的距离，如果恰好有诗人。（你也要是诗人）

7. 当我写的时候，它们又来了一次。山竹和金链又来了，跟它们脸色蜡黄的主人一起，跟衰弱的孩子一起。我侧身逃走，孩子正哭。

无人采摘的棉花和没有夹衣的孩子一样哀伤，秋天到来之后，必然遭遇最初的冷，遭遇寒霜。

8. 听雨，听你写一首长诗的时间，听到云开。

9. 这是一个偏旧的日子。我的灰色棉质长裙、我的陈旧词语、我的越来越灰的此刻，灰蝶一样完成它们的唯一夏天，之后死去。

飞过。

做个木匠吧，如果做不了别的

过年回家去看望妹妹的公婆，他们住在旧房子里，夏天，房子一边的空地上开满蜀锦花。大黑狗老是那么憨厚，闻闻我们的裤脚就自个溜达去了。它或许有它的判断：气味不错，是好人，是亲戚吧？

旧房子最好看的是老式花格木窗。我认识那些花样，这个叫做攒心梅花，那个叫方胜儿，那个是万字儿不到头儿。普通人家的窗子花样并不复杂，有的就是清爽的方格子，落进屋里的阳光是一格一格的。看看窗子一半儿浅灰，一半橙黄，就知道是半晌午了。

木窗必须糊棉纸，雪白柔韧的，摸上去有点粗糙，纸浆铺得并不均匀，阳光好的时候，能看到不同深浅之间的云纹。

我问："还有这种棉纸吗？"

伯母说："有，小铺里有卖的，闺女你要啊？"

不要。它们在记忆里跟黑糖、碎花布、一个苍白的男人在一块儿。

说起给她家做木窗的木匠，真是一个传奇。想起小时候，自己家做窗户家具的时候，一地浪花般的刨花，深浅木色，参差香啊。我泡在那里，眼睛鼻子不够使，痴了。

每个木匠都是传奇。

这几天我又在念叨木匠什么的，缘由是想起儿子小时候上学的事情。小学校自然是千篇一律的样子，也说不上特别简陋特别难看，就是那种不好不坏的样子。教室里边自然是大家都理解的拥挤，条凳条桌间的缝隙不做调整，从一年级坚持到六年级——孩子们似乎都是不肯长大的小泰来莎。提意见后得到的答复一般是："就你们这样的人事多，专门惯孩子。"最后是我们这样的人很错误。

孩子们五套校服，每一套都特别难看。一般不要求具体穿哪一套，浩浩荡荡的杂牌军每天经过我们门口。这衣裳不好看也罢了，大多很脏，简直没有办法保持清洁。孩子们的书包没有地方放，就扔在过道地上，通过的孩子哪里照顾得好，一个书包这个踩了那个踩，地上本来就多尘土，就算干干净净上学去，背上书包回家也快成土猴了。

做个木匠吧。给孩子们一人做一个储放私人物品的柜子，哪怕很小很小。冬天蓬松宽大的羽绒服，脱下来也能塞进去更好，不要折叠整齐六七十个人的摞在一处。体育课可以换换衣裳，不必满身汗气接着上音乐、文学……似乎还要淋浴……

像人一样，真麻烦。

或许在“发达”地区，这些已经实现了，真为那里的孩子高兴。我们这里据说是省城，我儿子的小学还不容易进呢，很好的。

即使是好的中学，也不给孩子们的洗手间安隔间。我听说一个学校的厕所本来都是有隔板的，可是学生太讨厌，躲在隔板后边偷偷打电话，太隐蔽不好捉，就拆掉了。

上厕所的所有私人小动作都要在课间十分钟操练一遍，只好教导学生“非礼勿视”，让他们知道，闭上眼睛就是尊重。山东女孩子发育很快，十四岁就一米七五，她们每月都有几天“不方便”的日子。

做个木匠吧，给她们——哪怕只给小女孩做一个尊严隔间。

她们生活在哪儿？爱护她们的乐园是这样的？她们要变成淑女多难，她们只好不管不顾，满不在乎，只好勉强凑合……

我为儿子上学特别准备了“一休”套装，格子短裤，短袖鹅黄上衣，小褂领子是水兵服那样的，跟短裤一样的颜色、一样的格子，“米老鼠”书包。可他到那个学校混一天回来，就土头土脑了。

如果我有女儿，我会担心她怎么收拾自己，怎么逃开可能的窥视——我的别扭儿子，在学校几乎不去厕所。怎么忍？忍耐的是什么？

做个木匠吧，哪怕只做隔板……

我问他：“如果妈妈是仙女，爸爸是什么？”

他说：“木匠。”

做一间小木屋，涂成蜂蜜一样的淡金色，装上我们这些柔软无力的人，还有那些被“他们”笑话的梦想，等待穿越荒野的风送来消息。

送来木头的芳香。

看流云

流云之美，美在淡远吧。兀自舒卷，不牵不绊。看起来难解难分，纠缠一团，低头扣好大衣纽扣之后再看，淡青的天，什么也没有发生过。

风流云散。

特别浓郁，特别甜蜜的也一定有过，在瞬间里的人狂喜得几乎叫喊起来："真美啊，请停留。"而时间之美在于，它绝不停留，身影转过一个街角，就是完结。尽管春末的时候，雪白樱花依然纷纷如雪，已经是这一季的花了，找不到那一季存在过的证据。还好，有记忆，可以信任记忆，丝丝缕缕的，变幻莫测的。

在书本或记忆里寻章摘句。一朵一朵流过的云，使用残留的天真，把它们比做鸟兽，比做花木，比做最后的欢聚。轻微的组词活动，不会使人变老。尽管没有办法阻止，智慧、华年和爱的愿望不在了。看云吧，看它们流过时间，流过我仰望的那一片天。

午后的云只有一种颜色，白色。午后的云跟早晨傍晚的霞一样轻盈，一样安谧。它们素白，它们绯红，它们自己并不很在意。看云的人，回忆逝去的日子，回味可以记住的细节。昨天就是很久以前的老片子，自己是导演、演员还是观众，是评论者。最美的颜色，白，流云那么干净的。旧事无声飘过，云淡风轻。

越来越淡，以至于没有。

寥廓长天，在我们不存在之后很久，依然存在，就像我每天路过的山崖，迎向阳光的地方苍白，褶皱里藏一些黑暗。翠柏、白皮松一簇一簇暗绿，稍微一努力，就可以落进倪云林的画卷。我掠过，我如果足够干净洁

白，我也是它的流云。

我愿意流云那样。

让泼墨山水更久存在。在看不见的地方。最初一枝玉兰，今日含苞待放。迎春花开一堆，别的树木还是冬天的模样。冬天的模样我也认识，也记得。站在树木之间，看云。

看很久，直到云的天空，变成星空。

在月光下行走

从腊梅开始吧。看得到深紫衬里的小花，看得到一牙儿一牙儿的尖尖花瓣，最清香，是檀心的。没有开的，笔直花枝上黄珍珠纽扣一样，排得密密匝匝。仰头看去，枯褐枝条，圆圆花蕾，乌蓝天空。惊吓你的是它，突然劈面撞见，在满坡腊梅树的后边。

静静地，已经等了很久。

等你惊讶、惊艳。

等你更欢欣地携满身花香，靠近明媚，走进今晚的记忆，处处镌刻你的名字，处处是画。

如果你也想念，就呼唤我。

我会飞去。

今夜清凉，就是从冬天开始的暖，就是无法拒绝的雪一样白的棉花，就是我安静地坐在光的下边，就是等待。

轻轻荡漾的琥珀光芒，浅金色，我们饮了吧，哪怕从此只有空空的杯盏。今晚要醉，要说爱恋。我捡来落花也想送给丑陋的小女孩，想说："经历过这些，她不再那么容易变得铁石心肠。"也想跟在汉斯的后边，不断送微末的礼物给人们。叮叮摇响我的银子铃铛，给你冰雪糖果，给你松软糕点，给你一首童谣，给你我的手，我画满梦的练习本，我的涂鸦……给你一颗樱桃，给你一枚邮票，蝴蝶没有标本，最后一颗蓝的，留给自己的今晚。守着礼物，守着满地剪出来的影子。

这是湛蓝的时刻，奇异的时刻。

此刻乘上夜行的驿车，到远方去，到海上去。回到很多很多年之前，那时候你很美很年轻，那时候你的每一道光线都是诗歌，每一道伤痕也是。今晚依然是。

后来我听不到你大笑的声音了，后来我看见微笑，直到很久以后，微笑还是甜蜜。

惊吓之后，我看见你的微笑了。

被你惊吓的夜晚被美惊吓，幸福也可以猝然降临。我没有可以匹配的，只好不离开腊梅树林，清澈花香不辜负你。拙笨如我，也学习歌唱，歌唱你惊醒的深处的，我以为已经消失了的：

“如果你思念，就呼唤。

呼唤我。

我会飞去。

最亲切的是直呼你的名字，平凡的童年名字。

嘿，你——”

野 菊或许明天开满山野

人们的脚步常常被禁锢。粗劣屋舍，不知道什么做成的食物，格外昂扬的声音，粗俗歌曲，伤病的孩子们变成的数字，纸上的文字漠然排开……不留神它们合伙凶神恶煞，伸出腕足。

哪里也去不得。

无法保卫自己的、自己幼仔的皮肤唇舌和肺腑。

被捆绑，只剩下耳朵没有关闭，听风。风里传来叹息：野菊就要开了啊，到山里来吧。

午后，换好舒适的鞋子，带一本书，两听啤酒，格子布单，几块点心，上路。当决计要走的时候，挣脱它们。腕足颤抖着缩回，或许累了。我们满身都是拘勒过的痕迹，野菊的药香能缓解疼痛吗？

山间小路以舒适的弧度蜿蜒，是牧羊人、种树人、采山人踩出来的，当我心里觉得需要拐弯的时候，它就自然弯曲，就像渴了泉水就涌出，饿了山果就甜，困了侧柏就投下浓浓的阴影。这里是另一个家，能够忘掉身后渐远的房子，那个平时拘禁自己的地方。

柏树荫里，一棵牵牛，只有半尺高，晚秋了，它不再缠绕，没有藤蔓儿，唯一一朵花郑重地开了，跟山下大片盛开的每一朵一样，一样幽蓝，一样泼辣。花的波形外缘完整，一朵健康的花——广场上节日堆积它们的姐妹，矮牵牛，开得破烂。

荒草间，已经枯黄的长茎挂一串蓝色小灯笼，叹息就可以使它们摇曳。“扑棱棱”，枯草颜色的蚱蜢飞走了，我看到它粉红的内翅，它美丽的衬裙。米粒大的唇形花开了一串，蚱蜢掠过它，它剧烈颤抖，似乎很受伤。

漫山须芒草，银色的花穗在九月最后一天十七点的阳光下，闪烁柔和的丝光。小山似乎满头白发，是格外丰茂茁壮的银光闪烁的白发，是花朵，山的深处有不竭的源泉，山顶有渐渐聚拢的云朵，也是源泉。雨水打湿芒草的时候，它们湿漉漉的样子，很年轻。

芒草饮用干净的水，到晚秋依然这么好看。

似乎很久以后还会这样，满头霜雪，眼神明亮，暖暖的，吸纳阳光。当夕阳落下去，山野顿时暗了，冷了。芒草密集的地方，阳光的温度还在。坐在芒草丛中，看夕阳在对面平直的山脊落下，理解丰子恺所说的“渐”。圆满的太阳似乎永恒圆满，只是接近了山脊灰蓝的轮廓线，只是靠近山体，只是越来越温柔，目光可以笔直地看住它。先是山脊横线跟浑圆的太阳贴合，相切了。之后损掉一痕，一抹，一丝，一半。

只剩下一痕一抹一丝。

最后的红宝石，灼烫的。谁轻轻尖叫：“哦，没了。”

看着一天这样美妙、这样决绝地离去，余霞浓如胭脂，浓艳片刻。

一群羊咩咩叫着下山，牧羊人沉默。

我看到了第一丛野菊，它们喜滋滋地打开自己，最初的芳香浓烈如酒，那种浸泡了草药的酒香，弥散开来，占领整个小山坡。九月的风拂过，我们似乎不再疼痛。

芒草不生的地方，是野菊的家。一丛一丛，大片大片，绿的叶子，绿的花蕾，还没有到既定花期。或许还不够冷，没有冷露没有清霜？第一丛是个信号，金黄优美的手语告诉谁：明天或许是野菊的正日子。

蝴蝶，蛾子，野蜂都知道的日子。流云流过，第一颗星亮了。在这样安全的山野，我们暂时一动不动，而且，“几乎，学会了沉默”。

睡在草丛

我大概是特别容易高兴的人，知道了一种草的名字，就似乎一个秋天没有白过。芒草，到深秋，丝穗的光芒介于阳光和月光之间，比阳光哑，比月光饶舌。

漫山一起白头，风过处，有轻微金石声，飒飒，飒飒，飒飒飒，似乎吟一阕小令。知道“白草”，知道身边的“黄花”，“红叶”的颜色把握不好，说得含混。红叶绝不仅仅是一种红，单黄栌就有深紫、黄褐、绛，年轻的，还翠绿呢。一片叶子就五色混杂，最当得那个秋天的词——斑斓。

芒草应该请雅克贝汉来拍一回，在《喜马拉雅》开头，荡漾成熟的青稞麦田，引得看的人心旌也很久荡漾。重放，再看一遍他的麦浪。芒草也是那样漫山遍野，轻轻摇曳，只需微风便波涛汹涌，没有风的时候，它们因为蝴蝶飞过，因为群蜂赶去野菊最盛的另一个山坡，因为莽撞的鸟儿飞得太低，因为我们唱歌，管不住似的晃动自己。

秋天，树和草都失了水分。三四级风就很显得很大，高枝上最后的柿子禁不住“啪嗒”落下。懒惰细腰蜂，甜点时间一到，小飞机一样加速冲过去。翅膀上沾满甜浆，还怎么飞？或许最后的饭食——特别贪婪地吃，样子竟显出颓废。

我看见黄蝴蝶、白蝴蝶、紫色蝴蝶，它们游戏花间，在芒草之上，恋爱季节过去了，一只一只独自玩耍。夏天开始的生命，飞得娴熟，娴熟得接近快乐。

花还是野菊花。满坡都是，整个山坡就跟一大块碎花布一样。枯草暗淡，白石头画出不规则棱线，金黄的迎着阳光的小花朵率性开放，不收敛不含蓄，开疯了。我说：“恣肆，就这样。”

回家之后天黑了，双手、衣裳还是午后阳光的气息，还满满的野菊花的野蛮药香。

书里的几片黄栌叶子，染香了书页，唤醒安静的句子本来就有的馨香。句子是：“你发现了吗，我把自己零零碎碎地献给了你。你绝对的美。我无法忍受未来没有你的生活……”爱情成为回忆，绝望也是，连恐惧也成了回忆。另一种好闻的味儿。

爱情像芒草一样美好，依然在呼吸。一点快乐瞬间变成很大一片，漫山摇曳。那么轻那么轻，狂喜，舞蹈。我看到喜悦，闻到甜蜜，我见证。

在此刻停留，远方林中鸟叫，近处花丛蜂鸣，风中芒草波澜起伏窸窸窣窣……

但愿我能记录这声音，这寂静。

后来渐渐什么也听不见了，安卧。

碧蓝天空，小山温柔的怀抱，芒草丛中，晒着阳光睡去。

寂寞的银子

我喜欢银子，一直记得谁的小说《银饰》，回到老家听母亲讲当年哥哥们过满月，亲戚除了送花布还送手镯，银的，讲究的还在镯子圈上坠了小铃铛、小算盘、小斗、小钥匙之类，婴儿藕节似的胳膊本来就喜人，胖出一圈深纹的手腕上戴精致银手镯，让人觉得日子丰盈，有希望，吃了美味一样，春天来临，积郁消融。

我希望再有一对那样的银镯，送给我侄女的孩子。母亲说“瓜菜代”那几年都卖了，换几斤土豆、麸子。

夏天我喜欢一串银子的脚链，不细看看不到，纤细一痕，安静的时候，自己走路能听到轻微碎响，是谦卑的人暗暗自恋。我几乎没有值钱的首饰，只有银的手镯，古旧式样的，时尚的，甚至狰狞的。假期可以放纵自己胡乱玩耍，两只银子的混一个石头的，只要手动，它们就叮叮碰撞，就落雨，就花开就微笑，就打开窗。蝴蝶飞进来。

人很老了，银子石头还那么好，不离不弃。

当看到细心人设计圆牌，准备送给身怀绝技的家伙，用金玉、用银子的时候，我希望看到银和玉，银色和青白镶嵌拼合之后的精美优雅。暗淡一点的光华总是更吸引我，我对特别强烈的璀璨怀有戒心，即使是真的也认为，那不是我的，不是我要的，不喜爱。

我的一位朋友多年生活在婚姻废墟中，莫名地不能走出，无法改良，眼睁睁看华年逝去，幸福没来过——有一天她说：“次好也很好。我每天晚上弹一小时古筝，日子过得去。”我便不再咋呼：“你怎么这样，容许这样？”

想念她的夜晚，仿佛听到筝曲银丝似的，从她纤细的指间飞扬，垂落，

缠绕，蜿蜒。我愿意听到她，一如某个夏天夜晚我们相伴泉边，她轻轻唱歌。忧伤磨洗她，光亮处光亮如初，暗淡处锈迹斑斑。我也一样生锈，银锈。更愿意说那是岁月赠给的，我们终于不那样全新，不那样明晃晃的了。

我经常说一个买金子手镯的故事。

男人："给拿最沉的，最粗的那个……对了。"

女人："这回打麻将咱也把袖子捋到这儿。"

那种幸福金灿灿、沉甸甸。

这几天，电视里也经常渲染金子的美妙幸福。一个人拿到金牌，全家全团全省全国都在金色的阳光下。银子呢？在云的影子里，在月光中？拿到银和玉的牌牌，夜色立刻降临，喜悦掺和进去不少的苦痛。耳朵上摇曳那么可爱的银子蝴蝶的韩国姑娘，一箭之差，只好接受银子，她满脸月色。看台上团团脸的男人提前哭了，弟兄们在"尘埃落定"时分走掉一半。

快别说铜了，不值一提。更别说铁、锡、铝、玻璃、木头、草根了，它们存在？就是存在也没什么意思。许三多说："不拿金牌，没意义。"

金子几乎是全部。奥林匹亚山上贪玩的众神摊手耸肩，哭吧——据说是业余精神，据说是健康美丽的，据说为了尊严，为了快乐，是年轻人的狂欢节。金子的后边，血泪斑斑。还要继续，更高更快更强。同一个世界，唯一的梦想。偶尔也听到"我来玩""享受过程"。

沙滩排球姑娘一样的匀称，巧克力颜色。希望她们没有那么多损伤，没有血泪账本。爱她们就够了，不用向她们学习。金色褐色灰色红色的头发上，别亮晶晶的发夹。耳垂儿上一颗珍珠，或一只银色的蝴蝶，活泼闪动，真美真好。

一个人唱歌的夜晚

秋意越发浓郁。满坡荒草大多结了籽，香蒿籽的香气扑面而来，随风——而风，一阵凉过一阵，新月慢慢长大，靠近自己最隆重的一次圆满，人们在那一天过节。

我爱的野菊花正是最好的年龄，含胎等待，或许等第一场霜，或许等野蜂呼唤。

秋的夜晚更像秋，单衫显出单薄，暗淡衣裳透着衰微，叹息悠长。秋虫金属一样明亮坚硬的鸣叫，叫我想起银子，想起潮水，一波一波，不知道为什么，永不停息。秋虫沉醉在自己弄出的声音里，当然不疲倦。

今晚半月朦胧，星隐在薄雾里。甬路边的灯，隔三差五地亮了，从高处看的时候，它们无意间构成星座：宝瓶或者一张琴。光亮很短，光亮之外，我看见一只萤火虫。

它曳一线银蓝，到树林深处它想去的地方了。北方一般没有这种提着灯盏的小虫，今夜它怎么来了呢？就一只，还是一群？一群碎星，在我们看不到的地方，闪烁？

晕红街灯笼着雾，雾成了淡红色。小鸟一样盘旋在灯光里的是一只大飞蛾。它飞，似乎忘记止息，看起来很快乐。它喜欢这个夜晚，喜欢没有伤害的光？它靠近再靠近，它试着扑过去，今晚它是凤，它要完成庄严的涅槃？撞击，之后坠落。我见过坠落的蛾子，像一把袖珍破伞，翅膀上的磷粉斑驳不堪，眼睛样的五彩旋纹，不再有眼波。它的翅膀，它的眼睛，它的梦想，一块死了。

我离开的时候，蛾子还在飞。

散步的老夫妇，慢慢走，闲闲说话，两个人手里还“呼哒呼哒”摇着大蒲扇。

我就跟我家木易君说我家乡的歌谣：“立了秋，把扇丢，再不丢，不害羞……”

他们还不习惯秋天，大蒲扇拿了六月七月八月，现在九月了。老年人愿意说夏历，还是八月，八月未央。我也不习惯，凉鞋会穿下去，一直到月圆之后。告别夏天的时候，才惊觉今年我没有看到一朵莲花，到海边的时候，某种藻类疯狂生长，连海浪都看不见。

最后的合欢，最后的槿，最后的牵牛花，明晨还会开满土坡，深蓝的稀少，有时候只一朵，攀上葵花粗糙的茎干，葵花瘦了，深深低头，不再追随太阳。蓝色牵牛花，蓝色安慰。

萤火虫飞去的方向，传来歌吟。我并不奇怪，几乎每晚都有人在那里歌唱。有时候是咿咿呀呀的《凤还巢》，有时候是高山融雪一样的圣歌。今晚是美声《茉莉花》，把一支民歌唱得华丽摇曳、风情万种。

我们走到她身后，她不知道。

她不年轻了，可是身姿挺拔，稳稳站着。她的世界充满花香。

自己制造凉凉的茉莉花香。秋天的最后的茉莉，秋雨后其实已经没了香气，依然白，宛如她的白衫。

真是那样？该得到的尚未得到，该丧失的已经丧失……真的那样？一样的人都有一样冰凉的指尖？真的可以不动声色，当玉兰结了朱红的珠串，南瓜在柔软的田里安卧，当收拾起一个夏天的裙衫，当大面积的凋零开始……

第一场霜悄然落地。川端康成说过，秋天从海上来，夜的海上吧？

秋的脚丫又白又凉。

停留在端午节的傍晚

我拟好了发给朋友的短信，甜甜黏黏的词语，也不过告诉我在意的人："我在意你。"又想，在意的人自会知道你的在意，于是不发。让我的心意独自停留，在端午节的黄昏，就像桌子上包裹严密的粽子，从乡村来，从棕树林中芦苇荡子里来的依然携带植物气息的人，知道滋味。

最美好的是单纯米香。没有走出童年的家伙，贪恋浓厚的甜。

还有梦里南方，肉粽的脂香——渐渐习惯，开始喜爱了。

榴花红的村野，是乡间单衫季节火辣辣的迷恋，就要这么红这么天真啊。

蜀锦一朵一朵往高处开，目标感很强的我家三姐妹，一路不服输，也一直亲切柴米油盐。她们总是热腾腾的，即使就要萎落了，也不减颜色。蜀锦喜欢站立，在路边，睫毛长长的，眼眸明亮地凝望人来人往、车去车回。

紧密排列的黑色圆片，细小铜钱一样。我小心收藏，或扬手给五月的风，新麦的风。那是蜀锦厚道的孩子，沉默的、轻盈的、美丽的孩子。

不知道为什么，怀念陈旧岁月的花朵，满心凄伤，泪水太多了——很想像石榴花那样泼辣、灼烫、不管不顾，那样聚集在一处，不容忽略的艳丽。想撒泼，就开始。

活着歌唱，舞蹈。

不避粗鄙，愤怒，哭号，咒骂。

知道为什么，因为我看到了别样的文字，没有办法温文。

他说："不要急着惩处罪人。"他压根不觉得是有罪人吧？

他说："不要旁生枝节。"他说："不要破坏——"

美妙的动人气氛。

失去女儿，失去儿子，失去所有花朵的人，失去所有节日的人，粽子永远不再甜美，因为没有亮晶晶的眼睛巴望：“该揭锅了嘛——怎么还不好啊——馋死了……”

他说：“你们不要再添乱，要等待。”

其实也不用等了，因为是天灾，所有房子都该坍塌，没有倒掉，原因实在复杂。

请你们不要干扰，不要做错事情。你们要做的是以主人的身份使这种动人的气氛保持下去。

还在粽子美妙的滋味里，还在本来就十分寡淡的节日欢喜里。

还在永远不会过去的屈子的河流上。

还在随波逐流。

没有人忏悔。救赎的路——说天堂，说起来就像说糯米红枣——没有。

还是不会诅咒。石榴果子一样晶莹地傻呵呵笑，到秋天的时候，因为她有繁密的孩子，红宝石那样宝贵的。——不知道余秋雨有没有孩子，希望他的孩子平安。

有什么缓缓燃烧，在这个端午节的黄昏。

深 夜深呼吸

喜欢深夜出去散步，人们都回家了。甬路的灯光依然星座一样闪烁，温暖的橙红，并不特别明亮，低垂的最亮的星星的光没有被完全遮掩，它们一闪一闪，像是知心的人跟你打招呼，不用言语，只需目光。不在乎距离，即使相隔十几光年，我的现在无法抵达你，就让我的过去化做光、化做问候到你那里去。

娓娓说给你听，童年细事。

娓娓说给你，今夜路过丁香，第一穗素白第一穗紫，今年春天我轻轻尖叫的丛林，此刻黑黝黝，白天看见它们“其叶蓁蓁”，春天的花穗结子了，暗黑地藏起来了。它们是隽永的香料和医治忧伤的药材吗？它们是朴素的孩子，收藏花朵和树丛的精华，富有了，就静了。

路过黄刺玫，摸摸它们的果子，坚硬光滑。打开手机，微光映照，你看它们釉色丰肥，纯正霁红，是窑工做的小品，为了给自己最小的女儿玩的。白天我看见一个男孩子凑近刺玫果仔细看，看完笑着走了，很满足的样儿。

路过小苍兰花圃，路过红王子锦带，路过绣线菊，路过依然还在盛花期的女贞——城里的它们已经枯萎了。街灯的光打在白花上，白花有一点亲切了，接近瓷器里边的甜白，女贞子走出传说，来到人间的夜晚，芳香不再缥缈，环绕深夜看花人，顽皮地一阵浓烈，一阵清幽，再一阵没了。灯光加深了合欢的绯红，叶子的小手紧紧合拢，整夜祈祷。花朵格外出众，更繁密。地上线描的影子摇曳，影子是沉静的鸽灰，灰鸽子羽毛一样轻轻扇动。有什么深处的温柔给唤醒了，希望你在，希望说点什么美好的话，希望听到远处的歌吟。或许我学习缓慢言语，说我今天读了什么，说今天的茶，今天的咖啡，今天的朋友。

说我理解的诗意栖居。

描述怎样一夜沉酣，怎样在睡眠中精心建造城堡，怎样呼唤我们的蝴蝶来居住，怎样靠近蝴蝶的笑声，怎样用微风和弱光叫醒蛹，怎样保持脆弱，怎样谛听真实的声音。

说一只三月草原的狍子，它们唯一的食物是兰花，它们在月光下奔跑，它们随意飞翔，它们香。

它们是秘密。

说出孩子们给我的东西，沉甸甸的。我健忘，可我铭记礼物。一颗胖大海糖一粒阿尔卑斯，一朵花一个蓝色封面的本子，一段天真的话……我好好收藏，当我饿的时候，它们喂养我。我的岁月这么贫瘠又这么丰饶。我想做得好些再好些，心里更多的是愧疚。

经过我，我把我的珍宝分给你，把我生命中最美好的东西给你。你要，就是奖赏。

喂，记得那棵白色的树吗？

记得细雨中布谷鸟带着水的声音鸣叫吗？

用经典句式唤起“在一起”的过往，反复说“再甜美一次”，习惯甜美很不错。

这样的夜晚，想一些问话：“最近读什么书？”（爱侠君这样问，是我乐于回答、引我炫耀的问题）“赵赵，读一首诗给我听？”（小同事彦儿提的要求，我美滋滋寻找并质朴地念出来：“……”）“假期你来吗？我在草原。”（远方的友人）

这样清馨。

深夜，深呼吸。

怀念一种鱼

本以为随波逐流可以不费力气，就这样随他去好了。可当真置身其中，放弃逃离的愿望，不再上岸，污泥浊水的感觉着实晦气——随一条清洁的河流远去当然不错，现在哪里去找一条那样的河呢？

想念清水，想念自然水域里的鱼。鱼最动人的品质是沉默吧，不愁食物的鱼把自己养得胖胖的，慢慢游动。即使一群鱼在一起，也不喧哗。安静就是美好了，不拥挤——我迷恋庄子，他说“相忘于江湖”。

没有相濡以沫过的吃鱼的人，会因为它们的相濡以沫感动。鉴赏悲惨，也是习惯。别的习惯还多着呢，习惯彼此纠缠，彼此禁锢，习惯用声音和目光为别人的脸刻满岁月。特别不结实的人在目光声音的刀剑之中穿行，遍体鳞伤是自然的事。

就像鱼，案上苟延残喘，第一道工序已经开始，失去生命之前，先失去美丽的衣裳，那些鳞片。闪闪发光的，阳光照彻静水，衣裳是金色的；月光涂染嬉戏的夜晚，衣裳就是珍贵的银蓝。当衣裳被剥，离开柔软身体的时候，那么脏，那么惨淡。

它们先死了。

我怀念鲥鱼，它们也是因为格外鲜美成为“名鱼”的。他们很好看——所有的鱼都是好看的，尤其活泼游动的时候，如果说丑是因为用人的标准看，即使真的很丑，也特别有趣，比如举起小灯、举着诱饵的深海鮟鱇鱼，人看了就想笑。鲥鱼银亮亮的，肥满又灵巧。尤其鱼鳞，新妇即使在娘家训练得慧心巧手，也常常被这道河鲜菜吓倒。因为鲥鱼做法讲究不刮鳞，如果一碗清蒸三月富春江的鲥鱼端上来，婆家人看见鱼的皮肤光光，那新妇烹鱼手艺算是完了，一块儿完的还有家教家世之类。听说某大户人家，新媳妇新婚三日之后下厨，也遇到鲥鱼命题作文，她精心烹制鲥鱼，弄好端给翁姑品尝评分，一看鱼皮没有鳞附着，婆婆已经皱眉头了："鲥鱼也弄掉鱼鳞？不知道讲究吗？规矩？没有吃过，没人教过？也没有见过？……"懒洋洋夹起一点，入口却香滑异常，美味不减。众人你一筷子我一筷子很快吃净，这会儿都忘了拘谨本性，太好吃了，快快吃得了。鱼消失了，碗底金色汤汁荡漾，浅金鱼鳞将融不融的样子，挑来一看，原来片片细鳞，用纯白丝线一片片穿好，卧在鱼下面。蒸的时候，鱼鳞独特脂香与鱼肉的鲜肥滋味融汇一处，食客当然觉得美不堪言。

有可能被漫不经心"弃置"的东西，原来这么重要。

传说鲥鱼被渔人网到，知道自己在水里逍遥的日子没了，性命也快没了，它们"触网不动，护其鳞"，哪怕只活一刻，也不要蓬头垢面。哪怕明知将被烹煮，依然不允许把最好看的衣裳弄破，即使那本是置自己于死地的根本，也不肯让它变坏，不肯弄破碎它，绝不荒秽自己。护好自己美丽的鳞片，下一刻，来好了。

我怀念这种鱼，据说春天的富春江不再有它们迅疾的影子，江边饭铺多想用鲥鱼做号召，可是没有。有价无市，偶尔网箱胡乱养的，徒有其名。

更加怀念它们。

传说，它们的鳞如果不跟随鱼体一起清蒸，也还有用处。细细洗净，浸泡石灰水里一阵，之后取出晒干，一片片亮晶晶，不同角度看，光影错动。手巧的首饰匠把它们收了去，给女孩子做花钿。

来自春天江水里的银子，这样活下去。

初夏

……像树木似的成熟，不勉强挤它的汁液，勇敢地立在春日的暴风雨中，也不怕后边没有夏天来到。

——里尔克

夏天已经来到。

初夏，走在甬路橙色的灯光下，我说："你看，树荫这么密了。"第一次听到风中叶子的声音，总说一样的话，叶语如潮，很干净的月下潮音，上弦月。落地的浅黑叶影，更浅的丝丝缕缕，是花影。初夏，很多小朵的花，素净的花开了。

我走过的那条路，开的是楝花。白天会看到一穗一穗浅紫色的碎花，没有风也摇曳，轻轻散发浓烈香气，春天二十四番花信，苦楝是尾香，酴醾之后。房前路边最多的是女贞，也是细碎的花，白的，很香。从窗口望出去，一丛丛小灌木枝条纵横，枝子几乎成了白色，落满了纷纷细雪似的，不知道名字的花，开得娇憨。查过之后，那花的名字好像应该是绣线菊，挤在一处的山楂花 baby。

春天说："不到园林，怎知……"

初夏说："不用到园林，花香在每一阵风里。"

我家木易君最记得春天哪几棵紫荆没有开花，哪几棵丁香连叶子都没有长，记得去年就懒洋洋的竹子。再去探访的时候，已经五月了。没有开花的紫荆长出了叶子，没有长叶的那一片小丁香树原来只是还没有力气追赶那些强壮的一起返青，一场小雨过后，它们都活了。看到这些，我们俩很开心，也为还是懒洋洋发黄的竹丛发愁。

微微隆起的土坡上，青杨成林，银杏成林。林中，野花遍地，树上，鸟窝蓬松，雏鸟还是直直地叫，像小孩直着嗓子喊爸妈。到盛夏，就该学会婉转了吧？天上“哇哇”怪声，几只大鸟飞过，鹤或者鹳，它们飞向山的更深处。

林木葳蕤的季节，风的季节，也是雨的，期待的中雨来了。

槐花着雨，很快就不香了。好吃的槐花饼、槐花涨蛋就别指望了。就让它们消失吧，和随四月消失的藤萝饼一样，随时光逝去的许多美味美人美的事情，一样。凝望开满槐花的树林，沉醉。让时间静止于完美一刻，不只想着吃。

芫荽在这时节开花。匀称的伞状花序，不是单调的白，似乎兑了一点灰、一点紫、一点月光。着雨之后，沉甸甸低下头，雨水并不滴落，花丝花蕊花瓣含着泪水一样含着雨水。

今晚汤面，就撒一朵一朵它们的花吧。

今晚的汤面有初夏雨水的气息。

雨声渐大，今年第一次，淅淅沥沥，滴滴答答。

树木花朵都笼在烟雨中了。

嫩 阴天及其他

雨水过后雨水就多了些。即使不下雨，空气也容易潮润润的，早晨起来，灰云也聚也散，风里有几分雨意。爸爸起来早，仰头看看天，叹息一声说："嫩阴天啊……"

说是叹息，其实不过是另一种微笑。也许乡亲们都这么说，可我只听见爸爸说过，记住了，认为爸爸是说话有趣的人。小时候喜欢吃，这句话总让我联想到，溏黄儿鸡蛋，蛋清凝好了，并不老，颤巍巍，蛋黄儿将凝不凝。匆忙咬过第一口之后，烤鱼焦煳外皮里边……念过诗词之后，还会想到老杜的"夜雨剪春韭"。

新米的香。

最初的恋情一样的好东西，可不都是嫩嫩的、安全的。阳光在灰云后边，今天不蒸腾，不使劲生长，慢下来，在阴凉里歇歇。老家还有"过阴天"的说法，不管怎么农忙，阴天了，雨说来马上来，不来就阴它一天。一家人包饺子，摊咸食，做平时不得工夫做不成的吃食。阴天，是节日。

停在大桃树浅浅的身影里，桃花今天开得格外安静。

遇到这样的天气，就想家，想念父亲，并不悲伤，思绪柔嫩——不断老去，也有一些顽强地保持曾经，或许更软了。

木易先生的弟子送他一摞碟片，大多是老的英文歌。于是车上总有人低吟浅唱，什么爱你爱得比说出来的多啊，什么巴比伦，巴比伦，巴比伦……石蓝仔裤，雪白衬衫，木吉他的"过往"，绿茶入水，慢慢回春。在野蛮的街道上，不守规矩的车依然横冲直撞，木易君居然忍耐了，不再喃喃地骂——在一个女子曼声唱"……Bittersweet and strange. Finding you can

change. Learning you were wrong……”的时候。

没有彻底洗脑的人，容易接受教化，彻底了就完了。

“这是巴赫?”

“不，是莫扎特。”

钢琴的声音一直伴随枪声、哭喊和沉默。

对木易君自己的那一边菜园子，我所知极少，知道一个两个科学名字之后拿来胡说八道，说到他忍耐不住的时候，会厉声斥责，打起架来，有时一个一点不爱逛街的人在繁华地段游荡，一个特爱逛街的人打道回府。我这边小菜园的事情，比较容易明白，我就经常唠叨给他听。他一般很礼貌，有时候点评一句半句，我疑心他并不是如我想的“外行”。

我模拟阅读课给他听。

上课。老师开始说：“阅读的好处一二三四五……；阅读的方法甲乙丙丁……；阅读的技巧 ABCDEF……；阅读的心理调控，首先，其次，还有，再说……；啊，阅读姿态这个那个，阅读品质的培养应该注意……阅读首先要选择，怎么选择呢？您听我说……”

选书。老师要看看选的什么，为什么选这个不选那个，还有没有更好的可以选，怎么看军事、科技。地理你也看？八零后的？偶尔看看吧，别只看……这就跟吃饭一样，要精要杂要细嚼慢咽……

好了好了，读吧读吧。

啊——这个——书就读到这里，下边：

1. 记下阅读收获。

2. 写好阅读反思。

3. 对这次阅读自己满意吗？下次怎么读？

下课，交上来啊……这个，对，还有那个。

我问：“这样好不好?”

木易说：“又不是昆虫，干吗这么急，一切生命活动都要在一天弄完……”

对吗，这外行话？

读课外书的女孩子死了，自杀。她的心理肯定不够强健，她的家庭教育一定有问题。可是她死了，直接的原因是老师不喜欢她阅读一本课外书。是的，我们的课内课外分得泾渭分明，甚至黑白森严。读什么，比怎么读重要多了，死也不放松标准。

她死了。

看电视，孩子看到柔软的镜头依然嘻嘻哈哈，神态不专注，眼睛干干净

净，没有要流泪的迹象。我问：“有没有一点感动?”孩子很莫名：“感什么动?”

我说：“你看你看……”

他说：“感动有什么用?”

是啊，有什么用？不感动毫发不损，不快乐依然过了一年又一年。睡不够没有什么，被剥夺不知道，被捆绑很安然。

诗歌有什么用?

音乐？除了考级还有用?

小说？课外书啊……

踏青有什么用？花开了花落了，一些颜色而已。略过，略过。

玉兰落了，一把一把小勺子，散落在地上。

早春的青味儿

山里春晚。杏花还没有消息，只有连翘迎春，远远看去娇黄，映得去年的荒草格外憔悴。今天出去，本是要赏玉兰的，到了那条“玉兰路”才明白，今年此处的玉兰不大入眼，花小，开得繁的，花朵琐琐碎碎，开得少，一棵老大的树，只是某一个迎着阳光的枝子上孤零零地举一朵花。玉兰这样勉强开花，是因为去年的春寒吗？一树树玉白一树树紫，叫三月雪生生覆盖，雪化后，迅速焦枯萎落，经历一场火灾一样，去年的玉兰之殇。

玉兰对苦难也有记忆？

伤痛还没有完全过去，今年，暖洋洋的春光围护它们，它们开得很委屈。

向阳坡上几棵瘦瘦的小李树，开了单薄的白花，远看更像一树轻雪。近看一朵朵白颜色里边隐隐透一点青，香气已经引得蜂儿赶来，嗡嗡叫着，粘在一朵花上，又粘上一朵。不知道它们怎么过冬的，很肥胖，也不是金黄色黑条纹，黑的，那么多，落在小树上，像是欺负这些花。花不这样看。

穿布鞋走在松软的土地上，就是十足的春的感觉了。

开阔一点的草坡，知春的奶奶已经开始挑野菜了。

我不挖野菜，但我喜欢了解它们，叫什么名字，小名最好了，怎么吃，吃了怎么好。再加上我喜欢跟老太太老爷子聊天，他们大多慈和，一不留神，就靠近一本温软的生活百科全书，比书本有趣多了。

她笑起来脸上就像开了一朵菊花，她们都爱笑，她们不怎么说普通话，某一个地方的家乡味，听起来也是一种“野调”——其实在山大校园附近山坡挑菜的奶奶，弄不好就是某个学科的专家呢。今天的奶奶也是穿红衣裳，

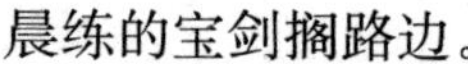

晨练的宝剑搁路边。

聊过天就知道了：婆婆丁，面条菜，茵陈蒿，马兰头，荠菜，苦菜……

大多清苦，也清甜，可炒可拌可汤可馅儿，宜荤更宜素……

我问："特别好吃吗?"

奶奶说："怎么特别？特别的就是别的季节没有的，一股青味儿。"

是啊，冬天净是些枯黄的味儿，干巴巴。开春儿了，仔细闻闻，风里不也是一阵阵青青的气息？叶芽花蕾，一天比一天鼓胀，裂开的缝里，也是青青的，有点苦涩，有点清香。农历二月，北方，就是这个味儿。

奶奶的手上身上也是这青青的香气，更浓郁。

小河夏天才有水，不过到底润泽些，河边野菜更加肥嫩，一丛丛的，颇喜人。我受过儿子的教育——你没有权利决定一棵花草的生死，于是成了一个迂腐的植物保护者，野菜也不挖，野花也不采。路过漫坡鲜美的荠菜，我为奶奶高兴，自己到超市买菜。

深粉红的杨花萝卜，杨花开，最沉实。外皮土色的山药，再一把油菜就行了。拍开杨花萝卜，瓤肉莹白，也如冰雪。淡淡的，早春的青味。

一线一线光阴

傍晚回家的班车上，很累了，我还是禁不住唧唧呱呱说话，偶尔嗓子哑了，感冒很厉害不能说话，才听人家笑语。

闭上眼也知道是谁。

她说："过了冬至，天一天比一天长了。"

胖胖的另一个说："一天长一筷子。"

她说："筷子？讲不通。应该是这样：以前，小姐们在绣楼绣花，天一擦黑就绣不了了。一过冬至，每天比前一天多绣一根丝线。一根线一根线，就过年，春天了。"

他说："是啊是啊，五九六九，沿河看柳，暖和了。"

我想，小姐穿了自己绣了金凤牡丹的花鞋去观灯看柳，去踏青，偷偷试穿自己绣了一道一道花边的绸衫，想象自己穿上嫁衣的好模样。

给将要出生的孩子绣吉祥的老虎枕。

给肠胃娇弱小女儿绣葱绿兜肚。

一根线一根线，桃红石绿松花黄，银白珠灰翠蓝……

旧了，小了，忘了。小褂子花鞋子丝帕子……

一路想下去，下车时，曾经的小姐已经儿孙满堂，在绣贾母喜欢的那种暖帽呢。

大家的谈话已经换了好几次话题，房子、基金、菜价、海鲜、疙瘩汤的做法。果然天长了，到我们的院子，浅绛的余霞只是微微灰了点，小山缓缓升起的轮廓还很清晰，明天此时更明亮。

一根丝线一根丝线的光阴，绣一个很近的春天。

很多很多丝线，才绣得出余霞散尽天如水。

莲花在那里等待

我喜欢记下平常日子里的喜悦，几乎从来不诉苦——即使身体的疼痛，也玩笑着忍过，只有没有人的时候才呻吟。因为太少了，呻吟的声音自己听来特别陌生，好像发自另一个需要救助的人，我很想腾身跃起，去救助我自己。

心里的苦痛也自己想办法消解，试着缓减。一般的效果就是，看起来就像没有一样。

喜欢分享，不要别人替我分担。

只要一说苦涩味道的话，消极的话，我就觉得很抱歉，每一句都似乎会污染。本来这一间房子，这片金色的银杏树林，这一片安静的湖泊，这个花园里，没有这些声音的，我一开口，就有了。词语也不安地颤动，很想快速消失一样，所以，一般及时收住。

说点别的。

给你讲一个故事好不好？

我这几天在读一个外国人的诗歌，虽说译诗只有“次的和更次的”，虽说我们没有办法找到翻译过程中遗失的珍宝，也还可以看看。

我家的杜鹃很皮实，跟咱这穷人家的孩子似的，不管怎么忽略还是粗枝大叶地长大了，那天开了一朵花。我不知道什么颜色是妃红，我觉得这朵杜鹃浅淡的红色就是。一只艳丽蝴蝶，阳光照到它的时候，翅膀就微微扇动，就要起飞那样。

还有三个五个花蕾也吐出一线红了。

给你讲讲我小时候的事儿吧。

那一年我七岁……

说一种好吃的东西怎么做，说的时候可以夸张，似乎特别讲究，很精致。真做起来不一定。就像童年的故事，已经分不清是“信史”“野史”还是“创作”了，唯一可以依据的是我记得……

我记得盛开的大片白莲花，记得水波闪动的温柔“沙沙”声，记得父亲木船柏木的气味，记得熬鱼特别尖锐的香气。一些颜色，一些声音，一些气味，就有一点相似，也足以唤醒记忆，立刻回到从前。

对身边正在流逝的时间，感觉并不敏锐。一年，又一年？

布置任务一样，仔细想，再仔细点。

按季节想。

想起了：跟母亲一起坐在家里的土炕上，因为父母坚持才特别弄了炕，除了父亲，会做土炕的人已经没有了。被泥土保存的柴草的火，缓缓释放热量，坐在这样的家里，真的感觉回到了在异乡梦里才偶尔呈现真面貌的地方，回到了身体的“家”。母亲突然不说话了，眼睛看着窗外。她说：“一个燕子，燕子来了。”

夏天，海边，石子，鸥群。大片紫色的野苜蓿，大片雪白的月光兰，大片灰绿的苦艾，单枝开的野百合，那是吉祥的萱草，怎么都孤零零的呢？

泉水。

认识了内心有源泉的人。

不去看的时候，泉水不停息，无声涌出，用最细弱的声音流淌，形成洁净的河流。

今年是看泉水最多的一年。

冬天，它们还滋养我。因为泉，破破烂烂的城市变得可以宽容。

秋天。银杏树林。一棵，十几棵，更多——成林了。凉透肌骨的时候，温差特别大的几天，它们黄了，它们做的特别精巧的叶子黄了。人人都说纯粹、璀璨。

我记得在大树下厚厚的黄叶间寻找落地白果的老妇人。我希望这棵大树多结点果实，希望她笑，布袋子很快鼓鼓囊囊，别那么疲惫地瘪着。

我记得大力扫落叶的女工。我已经不再说请不要急着扫干净。

她必须扫。

也在树下想念一些人：要是你也看到多好。

冬天了，没有雪。窗外淡蓝天空，流云很慢地流动。

夜晚出去，人家灯火灭掉之后，群星还是满天拥挤，用光芒彼此絮絮叨叨。今天早起，我看了很长时间曾经每天都看到的长庚星，真好，它还在

那里。

收拾利落上一个季节的衣裳，拿出最厚的冬衣，严寒就要更冷酷地来，我要和家人一起迎接冰雪。秋天的衣裳和夏天的有的差别不大，秋天的衣裳也是春天的衣裳。

拿到本白薄线衫，深蓝薄薄的，短袖毛衣。

偶尔一件轻盈的小褂，短裙。

身上热一下，仿佛夏天，微凉，仿佛夏夜。暖洋洋的、小阳春的十月十一月。

为曾经度过的岁月，微笑。

为下一个春天祈祷。

夏天，初夏美丽的日子还会回来的，莲花在那里等待。

微甜时刻

庸常的日子，一天一天过去，什么也没有发生。

有没有可以记住的？有。那些微微有些甜味的时刻。

我给朋友讲一个小故事：乡下汉子租住城乡结合部的一间小屋，整工夫做点零碎生意，零碎的时间，就整理租住人家的院落，整出花畦，撒上花籽。春夏的时候，五颜六色的花开得好整齐。人们赞他谢他。他说："我女儿要来了，我要给她准备好一个花园。"

听完大家静静的。

我胡乱看书，看到写海涅的文字，我自己正头疼，诗人也偏头疼——海涅终生受偏头疼折磨，很多时候他无法乘着歌声的翅膀，到恒河深处，到最美丽的地方去，晚年更是疾病缠身，多亏肥胖笨拙的妻子的贴身照料。他的妻子是他街边捡来的"灰衫女"，对海涅的才华名气，对他恶毒的幽默一无所知，一直使用海涅玩笑般给她取的名字马蒂尔德，意思是美丽智慧。她并不美丽，结婚后很快就胖起来，也不智慧，甚至学不会简单的拼写。海涅说她是真正的孩子。海涅最后的七八年，多亏这个孩子陪伴，他瘫痪，几乎全盲。玛格丽特说："留下来不走，没有爱情是不可能的。"

根据海涅生前的意愿，他死后被安葬在巴黎市北郊的蒙马特尔，因为那里距离他家很近，因为他担心他的胖孩子去看望他的时候太累，他说："我怕我的胖孩子走得脚软……"

海涅的诗篇我记不得很多，但我记住了这句话。

中午是我的购物时间。杂七杂八的很快就买完，最后总要照顾一下自己的微小愿望，去买一两枝花。这一天买的碎花石竹。

收银台是个壮实的男孩子在干活，他手脚麻利，一样一样很快打好价。最后看到一旁的花枝，他笑了。没有声音，但眉毛一跳，大眼睛眯起来，整个脸整个人都暖洋洋的。他小心地伺候两枝花，一手托着，一手扫条码，弄完轻轻放进单独的袋子里，花头摆弄一下，正好从袋口探出来。他明显慢了。

我看着他，谢他。微笑，有一点会心。

我记住了他手的温柔。

他明亮的含笑的眼睛。

他说："再见。"

又看看细碎粉红的小朵石竹。

几朵小花，就让我们跟四周乱纷纷的人群隔开了，似乎拥有了共同的秘密。

还有每天坐班车，司机先生每到下车时都用手护着车前面挂着的电视机的右下角，很怕什么人不小心碰到，每一天每一趟，他的手都在那里小心护着，直到人们都走下去。

我每一天每一次都说："谢谢你，再见。"

谁说的："记着美好，使劲记着。"

记着沉静的时刻，淡淡甜味的感觉。

帕斯说："每一个创伤都是源泉。"

健康美好的就更是，微甜溪流。

这寂静，你听见了吗？

音乐换成了一支吉他曲，圆润的音节，一个一个雍容开放，不窘迫，不拥挤。当我一个人听木吉他质朴的滑音不经意间滑落的时候，心里一个声音悄悄说："这寂静，你听见了吗？"

秋的静，山野的静。

果实已经采摘完了，柿子树最高的枝条上还挂着一个两个，就像过完年之后忘记收藏起来的红色小灯笼，熟到不能承载自重的时候，落下来。落下来，摔成香甜烂糊，细腰蜂贪甜食，嗡嗡地闻风来了，最胖的那个，一头栽进去，它的肚子更加圆肥——奇怪，腰还是那么细。

能听见它们翅膀扇动的声音，宛如接连不断的甜蜜叹息。

野兔也肥，肥胖了还是机灵，夸张的大耳朵保持警惕，甚至期待声音。它听到最多的是蒲公英起飞着陆，风吹草动。我和儿子轻轻的脚步声惊扰了它，它等待已久似的起跳，飞奔，跳起的高度超出实际需要，几乎是在炫技。油润的褐色肚皮碰过的野菊花、丝芒草摇晃很久，大红黑斑瓢虫紧紧抱着银色丝穗。

蜜蜂从容地采集花粉，悬停的时候，一颗颗香喷喷的光球，这专心的小东西。

草甸子就是辽阔的床，我们躺下，盖好阳光的绒毯，沉沉睡去。

醒来，透过草尖，看蓝天碧透。一只鸟，在远方鸣叫。

儿子伸手给我看，我看见一只小蜘蛛。儿子说："看，像不像一滴水？"

很像。圆圆的，晶莹的，满满的，绿只是个意思，若无，若有。

细细八条腿，几乎看不见。儿子说："你看它爬了，我一点感觉没有。"

那么轻那么轻，这样寂静。

我也悄声惊讶。我看见我的额前头发上也悬挂了一颗小蜘蛛，跟我头发的颜色相似，浅褐微红，但它的颜色显然更饱满更鲜明。我不动，任它丈量这一绺头发到那一绺头发之间的距离，莫非它要在我的发间织一张精致的小网？

远处黄栌璀璨。在林中的时候，我揉碎一片叶子，闻到苦涩芳香，比野菊还浓烈。单看颜色，一树树绛红，绯红，半红半青，依然倔强的青葱，金黄，娇黄……每一棵不一样，每一片也绝不重复。黄栌林在远方了，米罗的油画一样，可以取个名字叫思念，叫寂静，叫心声。鸟还在闲散地说话。

蝴蝶好像只有一种，亚金色翅膀描黑条纹，天鹅绒的，是上帝做得最暖和的蝴蝶，穿上复古秋装，飞得安详。

有一阵几只蝴蝶顺山路飞，跟我们一道。儿子说："他们也喜欢在路上飞？"

我笑了。

蝴蝶的路，在空中，是自由的路，跟我们相伴一段，是美好的偶然。

接着他们就纷纷飞向我们去不了的地方，深深山谷，或高高山崖，那里，秋天的花开得正盛呢。

远远狗叫。

最后的大柿子树下，我们愿意坐得更久一些。随意说些说过就忘的话，儿子吹吹口哨，时间似乎停下脚步。我认真看细腰蜂吃饭，已经午后了，是下午茶时间？又一颗柿果坠落，最机灵的那一只蜂，箭一样冲过去。

停下吃喝的片刻，他们唱歌。

温柔歌声之外，寂静。

这寂静，希望你也听见……

乱翻《论语》

有一次我吹牛，跟朋友臭拽："吹灭读书灯，一身都是月。"这月光下的枕头边，就看到深灰封皮儿的记录孔子及弟子（再传弟子）言行的书，名字叫《论语》。

也就是说，《论语》是我的枕边书。

我经常乱翻这本书，笑嘻嘻的。

这似乎跟许多人读圣贤书的态度不同，手不很干净，更不用焚香，随便，家常阅读嘛。

今天翻到了 83 页，《乡党》第十。

孔子跟你聊这个："当暑，袗（zhěn）絺（chī）绤（xī），必表而出之。"意思是：夏天一定要穿细葛布粗葛布单衣，先穿内衣，再把葛布外衣穿在外边。葛布，纯天然，吸汗。

"必有寝衣，长一身有半。"注意，所谓"寝衣"不是睡衣，是一种小被子，大小是睡觉人身长的一又二分之一。不小了！我特别喜欢小被子，为了买到好看又质量好的小被，甚至去儿童家纺店，买可爱童被。要么就看着做被子的阿姨在阳光下缝。我很喜欢一个卡通片，小孩子什么时候都拖拉着自己最喜欢的小被子，像拽着一个玩伴，过马路去野营，都拉着。

孔子说必须有这种小被……看了真"心有戚戚"。

"君子不以绀（gàn）緅（zōu）饰，红紫不以为亵服。"看看吧，孔子对衣裳颜色很讲究，要"正"。深青带红的天青色，深红透青的颜色，是用来做斋服丧服的，君子衣装，这两种颜色连镶边儿都不行。红紫不是正色，家居也不穿。过日子有滋有味的人，哪有对颜色马虎的？我看书也是喜欢看色

香味形都好的，比如《红楼》三十五回莺儿“巧结梅花络”一段：

“莺儿道：‘汗巾子是什么颜色的？’宝玉道：‘大红的。’莺儿道：‘大红的须是黑络子才好看的，或是石青的才压得住颜色。’宝玉道：‘松花色配什么？’莺儿道：‘松花配桃红。’宝玉笑道：‘这才娇艳，再要雅淡之中带些娇艳。’莺儿道：‘葱绿柳黄是我最爱的。’宝玉道：‘也罢了，也打一条桃红，再打一条葱绿。’莺儿道：‘什么花样呢？’宝玉道：‘共有几样花样？’莺儿道：‘一炷香，朝天凳，象眼块，方胜，连环，梅花，柳叶。’宝玉道：‘前儿你替三姑娘打的那花样是什么？’莺儿道：‘那是攒心梅花。’宝玉道：‘就是那样好。’一面说，一面叫袭人刚拿了线来，窗外婆子说姑娘们的饭都有了……

……

宝钗笑道：‘这有什么趣儿，倒不如打个络子把玉络上呢。’一句话提醒了宝玉，便拍手笑道：‘倒是姐姐说得是，我就忘了，只是配个什么颜色才好？’宝钗道：‘若用杂色断然使不得，大红又犯了色，黄的又不起眼，黑的又过暗。等我想个法儿：把那金线拿来，配着黑珠儿线，一根一根的拈上，打成络子，这才好看。’”

本来只想拿来几句，可是看起来就舍不得放下，引得多了。

瞧这一仆一主，学问多大！

那么，孔子时代，穿什么颜色的衣裳呢？等我翻到了就明白了。有了：

“缁衣，羔裘；素衣，麑裘；黄衣，狐裘。亵裘长，短右袂。”黑色羔羊皮衣外边罩黑色罩衣；白色小鹿皮的裘衣，外边罩素衣；狐狸皮的呢？黄色罩衣。明白了。

家常的皮袍子，长一些，右边的袖子短点，做家务才方便。

穿衣服嘱咐完了，说说吃饭吧。

最熟悉也最难做到的：“食不厌精，脍不厌细。”从挑选材料到料理刀工哪里都不能放松，精致生活指导，我选择《论语》，乡党篇。

“食饐（yì）而餲（ài），鱼馁而肉败，不食。”腐败不新鲜的鱼肉，当然不吃。

“色恶，不食。臭恶，不食。”食物的颜色不好看，气味不好闻，不能吃。

“失饪，不食。不时，不食。”烹调不得法，不到吃饭的时候，不吃。

“割不正，不食。不得其酱，不食。”宰杀牛羊没有按规定的章法切割，NO。没有搭配合适的调料，那种专门的“酱”，NO。

“肉虽多，不使胜食气。”肉即使很多，也不要贪，超过自己的肚子容量，不舒服。

“沽酒市脯不食。”街边小铺地摊儿上的酒、肉干，不干净，也别吃。

“不撤姜食，不多食。”这个我喜欢，嗜食姜，一是从小受我爹影响，再就是读书读到《论语》这儿，更加吃得理直气壮。顺便说，我们小夏姑娘邀我吃渍姜两片，至今难忘。对了，不能吃多，您想，任什么好东西也不可太多，孔子说，过，犹不及。

“唯酒无量，不及乱。”有时候，酒不限量，那么放开喝吧，不成。要保持清醒，别喝醉。

“君赐食（生食），必正席先尝之；君赐腥（熟的），必熟而荐（供奉祖先）之；君赐生（活的），必畜之。”后六个字，叫我感动。

孔子不会胡乱做事情，当然不会胡乱吃东西。不像后世一些人，迷信各种药石，吃得腹胀如鼓，或每吃过丹丸，都要“行药”，走好一阵子，才略微舒爽。孔子这样：“康子馈药，拜而受之。曰：‘丘未达，不敢尝。’”对药性不明白，尝也不尝。

看看下边讲的是什么？

“升车，必正立执绥。车中不内顾，不疾言，不亲指。”对了，行车安全操作规则。今天开车的朋友依然要听：上车后要身姿端正，扶好扶手，系上安全带，不要东张西望，指指点点，好好开车。坐车人需要说话，请说慢点。

在这些类似婆婆妈妈的嘱咐里边，我隐隐感到了仁。

这仁不是板着面孔的，自然活泼，一回如严父，一回如慈妪。

他虽说过“食不语，寝不言”，大概是考虑到健康吧，一般吃饭睡觉的时候安稳一点好，不适合太活泼。他也说过“寝不尸，居不容”，睡觉姿势随便，怎么舒服怎么来，歪在榻上？好啊，只要喜欢。平时家居过日子，不用太严肃，提拉鞋子散着头发，懒洋洋——孔子说过，这就对了，居不容啊。

乡党篇翻完了。

《论语》这样有意思？对。

当然更多的篇章是讲别的，那些翻到了再说。

《论语》里头，我最喜欢的段落是“侍坐”，各言尔志，无拘无束。尤其曾点的话：“莫春者，春服既成，冠者五六人，童子六七人，浴乎沂，风乎舞雩，咏而归。”我们不由得跟夫子一起说：“吾与点也！”

最喜欢的孔子说话方式是“前言戏之耳”。

最喜欢的孔子的样子是，见南子之后，受到子路抢白，大呼：“天厌之！天厌之！”

最喜欢的孔子的话：“有朋自远方来，不亦乐乎？”

还有：“吾未闻好德如好色者也。”

都是大实话！要不人家哲人说，真理是简单的。真是。

我喜欢随便翻看，不很喜欢叫小孩子背，尤其当做“经书”来“哼”。我们钻不出“故纸堆”也罢了，孩子们，还是多打打球游游泳，多学点生活常识吧。我们所缺的不是熟读四书五经的人，缺的是具有现代公民素质和足够强壮足够有创造力的人。

对孔子我心怀敬意，我觉得他一定深深体味了现实的大黑暗，感觉到人们常识欠缺的愚鲁，于是，苦口婆心。他是发自内心希望社会安定一些，人们懂点道理。而且活着的时候，他从没有享受过“孔府家宴”，不知道自己有一天会获得“阔得可怕”的头衔——至圣先师或者世袭的什么什么衍圣公……

他断粮陈蔡，惊弓落网一般。

风鸟不至，河不出图，而麒麟已死。

千古一叹。

朱子熹说：“天不生仲尼，万古长如夜。”

朱子的学问我不了解，他的这句话，我特别不明白。因为非常简单，天已生仲尼啊，那么万古如……做稳了奴隶的时代和想做奴隶而不得的时代，什么时候曾真正的光明？

吹灭读书灯——夜深了。

那个叫丘的男人

七年级语文考卷上的填空题：孔子，姓____，名____，____人。这道题考查学生对这个人的了解。出了考场，小家伙们核对答案：

"孔子是叫'丘'吗?"

"是啊，老师不是说'夫妻祷于什么丘'吗?"

"我以为是叫'子'呢，哈哈。"

除了这会儿人们想起他叫"丘"，一般提到的时候，几乎没有人叫他的名字，那个丘两千五百多年荒草自荣枯，无人理会。一个似乎没有存在过的寂寞荒丘。

他做过宏大的梦，和他一样有梦想的一群人追随他，他们"在一起"，他们应该很快乐。《论语》只言片语的记录，依然不能掩其贤其愚鲁其明快其率直其慧黠，除了曾参混了个"曾子"的尊称，他鲁却传了老师的真经。颜回被夸张成"亚圣"，贤得叫人心疼，也还是"回也回也"喊来喊去，更不要说子张宰我闵子骞他们了，名字还是他们的名字。

最后一次是谁叫过他"嘿，丘——"，之后就再也没有了?

贴了"阔得可怕"的头衔之后？跟肥胖的鹿一起接受礼拜，画像往往线条粗疏。不过对这个胖乎乎、细眉细眼的小老头，我第一次知道他身高一米九左右，伟岸得不像话，我很惊讶。后来想想也明白了，山东地界，很多东西都大：一人高的大葱葱白，一只手攥不过来；中等饭量的人吃半个就吃饱的肥城桃子，真肥；大个莱阳梨，两个大手捧了吃……

孔家二公子必也是长大，庞大，或许胖大的。

那么雄壮地成了"至圣先师"，成了"万世师表"，成了一长串记不住的

什么什么“衍圣公”，似乎不吃饭就活得好好的，只诵读诗书，只说话。

君君臣臣父父子子。

慎终追远。

劳心者这样，劳力者那样。

吾未见好德如好色者也。

……

他的宏大的梦，弄得支离破碎。他任人打扮，任人抬得很高，也任人践踏。他越来越不是他，只是个符号。所有荣耀与他无关，所有污泥浊水也跟他无关。

断粮的时候，他饿，跟阿三阿四阿猫阿狗一样。痛失好弟子，他老泪纵横，一回如慈妪，一回如失败的父亲。他一本正经地说“吾与点也”。面有赧色说“前言戏之耳”……狼狈时分赌咒发誓“天厌之，天厌之”。

道不行，那就“乘桴浮于海”，小舟从此逝啊，散发弄扁舟啊，后人也学了这牢骚。

道真的不行。（凤鸟啊就是不来，黄河啊就是没有那张图，麒麟呢？死了）

一声声呼唤“仁”，问“仁有多远”？仁这个宝贝东西千呼万唤也不出来，或者回答：很远。几千年的路，还在等着启程。多美好的爱人，令我感动的爱人，久久期盼，干渴欲死，阳光一样泉水一样的爱人，在哪里？

草菅人命，生灵涂炭，命贱如土。人，不在。爱，从来不懂。

孩子们被吃被填沟壑。

几千年。至善，智慧，爱，是谎言。谁信？谁真的信过？信的人，践行的人又是怎样的下场？最大的大殿传说乌鸦不落，那乌鸦都飞往哪里了？漆黑漆黑的鸟聚成乌云，人们很冷，正饿着，难得糊涂，今天天气哈哈哈，救救……

桧木已经老了，早就死了。人们挤过去看，拍照。

蟠龙镀金的柱子，矮一些，因而显得格外粗壮，粗俗。蟠龙没有皇家雕工的好，傻乎乎的，特僵硬。家宴的极度奢华，色香味到极致，还要庄严雅正，丘没有见过，名字也不晓得。美食世代流传。峨冠博带的人，吃得肥胖回家了，去玩了，人们更多记得菜的名字。

小一些的院落，我去看的时候，海棠开得正好。我不进屋，只看海棠浓艳的粉红花蕾累累坠弯树枝。盛开花朵的小院落是女眷们的吧？寂寞的时候，蜻蜓飞上玉搔头？开心了也嘻嘻哈哈笑闹，忘记了是什么人的后人，忘记了许多“不”——笑不露齿、行不动裙、门不中立、食不言寝不语、非礼勿视非礼勿听非礼勿动。我似乎听到笑声，哪怕冰天雪地，铜墙铁壁，有少年女子的地方，一定有笑声，有私语，有芳香。

诗书针凿的女子长大后，乘一顶花轿，吹吹打打到一个别人的家，男人的家。名门望族，女婿留下名字了，一个一个。

孔府的女人们，是小说区域吧。我希望知道女孩子的名字，她们奶声奶气的小名。

我更希望他留下自己的名字，留下传奇传说，留下通俗故事。写到他，就叫他丘。不要再有新的别的“子”们来，是谁就是谁，以尊严的名字，为自己的学说和行为负责，用正常的男人声音讲话：“我来了，我告诉你人要活，要吃东西，要有智慧，要明白常识……”

人不用被捆绑。不可被奴役。

一个孩子哭泣，整个世界就被泪水淋透……

或许，连他，都能更美好至少更真实。浓厚阴影渐渐退去，该月光就月光，该阳光就朗照着，有福有光明。即使罪恶也有罪恶明确的名字，而不是千年模糊。

约上宰我上学去

题目是噱头，不过表示孔子的有名的门徒里边，我喜欢宰我。

翻看孔子学生名册是件好玩的事情，那时候他们喜欢叫那样的名字：子贡，子路，子夏，子张，子游，子骞……公冶长，司马牛，公孙赤，还有最出色的颜回，渊也，是他。

宰我，今天的词义，可以理解成自我牺牲的“宰割我”，第一次听到一惊一乐：啊，宰我？理解成“主宰我自己”也行，有个性，或许少有的特立独行？

翻看一遍《论语》，宰我出现的并不多，著名的错误一次——宰予昼寝。

这一段，南怀瑾先生解说得比较有意思。他说宰我并不是特别懒惰的学生，不过身体素质不好，比较孱弱。他需要更多的睡眠将养，本是“朽木”那么衰，就不要再苛责了，本是“粪土之墙”，不用再多要求了他了。孔子的话比较顺乎情理，语气温和平静，劝他爱护身体也差不多。我也喜欢这种说法。任何一个班主任，一个家长，看到学生白天睡觉，不学习，只要他们坚信“勤奋出天才”，都会严厉，呵斥：“朽木！不可雕也！”——圣人这样说，不稀奇。

不过南怀瑾先生的解说，跟后边“听言观行”几句不好衔接。孔子接着说：“始吾于人也，听其言而信其行；今吾于人也，听其言而观其行。于予余改是。”这话可够重的。

也有人说，远古时候，灯烛还没有普及，贵族人家不过在有大型礼仪活动的时候，点起火把，那时候叫“庭燎”，主要室外照明。普通人家，一般“日入而息”，晚上睡觉时间足够，白天再睡，不是病了，就一定是懒惰。难怪老师不高兴。

还有人说，“昼寝”是繁体文字“画寝”“书寝”的传抄错误，又是纷纷别解。单就一般刻行的来说，我觉得没有那么严重。《论语》里有许多孔子和学生生活的片段，温润含光，是生活，不是说教，当时也没有“彪炳千古”的意图，弟子、再传弟子们回忆上学的时光，印象深刻的就记下来了。记得那次宰予大白天睡觉吗？老师怎么训他来着？他平时言语爽利，老师怕他敏于言，惰于行，就提醒他……

老师的喜好和学习纪律，宰予很聪明，他不会不知道，瞌睡来了就睡一会，养足精神再学习，学习诗书礼御术射什么的，都需要精力充沛。总比“头悬梁”止睡诚恳一些，比“锥刺股”安全。这两种经典“苦学”，就忘了“身体发肤受之父母，不可损伤”吗？即使扬眉吐气地弄个“蟾宫折桂”，“一日看遍长安花”，背人处，摸摸股上锥痕，心里也难免疙疙瘩瘩的。如果“困了就睡会”的做法得到一定程度的认同，今天早起的队伍里少一些睡眼惺忪脸色苍白的学童，也未可知。太强调勤奋也不是好事，应许你天堂，而通向天堂的路是地狱铺成的。这是哈耶克的话，说的不是教育，我们的教育大概不到“地狱”程度。

子曰：“学而优则仕，仕而优则学。”优，有余裕。

我喜欢像宰我同学一样，偶尔小睡，但不要被大呼小叫。

宰我好问刁钻古怪的问题。

他问仁。

宰我问曰：“仁者虽告之曰，‘井有仁焉’，其从之也？”子曰：“何为其然也？君子可逝（往，指过去观察实情）也，不可陷（落井）也；可欺（被欺骗）也，不可罔（被愚弄）也。”

看看宰我的问题：假如告诉追慕仁的人，有仁者落入水井了，莫非也要跟随入水吗？

孔子的回答很妙，但孔子并不像表扬颜回一样说“大哉问也”，问的问题很不一样。

宰我同学，讲起使坏，“刁难老师”，一定洋洋得意，讲到老师的智慧也很服气，一路聊着回家，不错。

他问孝。

宰我问：“三年之丧，期已久矣。君子三年不为礼，礼必坏；三年不为乐，乐必崩。旧谷既没，新谷既升，钻燧改火，期可已矣。”子曰：“食夫稻，衣夫锦，于汝安乎？”曰：“安。”“汝安则为之。夫君子之居丧，食旨不甘，闻乐不乐，居处不安，故不为也。今汝安，则为之。”宰我出，子曰：“予之不仁也。子生三年，然后免于父母之怀。夫三年之丧，天下之通丧也。予也有三年之爱于其父母乎？”

我喜欢揣摩他们两个对话的表情。

宰我口角锋芒，大概还善于思索。他对三年“守孝”的规定，可能一直持保留态度。他发问之前，准备充足。

观点：三年守孝，时间太长了。

论据：君子三年不为礼乐，就会礼坏乐崩。（后果很严重）

结论：一年就可以了。（既全孝道又不损礼乐）

宰我的表情应该是怎样的呢？明朗坚定，有点坏坏的，看您怎么回答？

孔子问一个相关问题：吃香喷喷稻米饭，穿绸缎衣裳，你心安？

孔子可能会有一个预设的答案：不安。他的表情应该有点诡诈。笑眯眯的？

宰我回答：安。一个字的答案很肯定，微微挑衅。

孔子后边的话“汝安则为之”，强调“心安”，即使是气话，也很说明问题，宰我论辩成功。气话也有意味，守孝三年还是一年，关键不在时间，在心。这句之后的话就是宰我还不到君子境界，宰我走后，孔子骂他“不仁”。

三年守孝，守出多少笑话。想守的大多被劝阻，真守了的传为佳话。

记得《儒林外史》里的范进吧，居母丧连象牙镶银的筷子都不用，大有藉草枕块的意思，可是席上一见大虾圆子，就禁不住了。《汉书》里边记载陈蕃审理的案子也很好玩：赵宣死了父亲，哀恸不已，守孝三年他嫌不够，干脆在父亲墓边挖了个地穴，一守就是二十多年。地方上传颂他的骄人孝行——陈蕃招他询问，才知道他在守孝期间生了五个孩子……

宰我同学的“一年说”至少减少一些丑行蠢行。

另外孔子的“心安”说，也没有人奉行，因为按这个说法，时间可长可短，没有标准。想作秀，做不成。

跟宰我聊聊后来的事情，他一定会很开心。

有守十年的，如寇准之杰出一辈，也有二十年的，赵宣他们，也有“墙头记”，还有“二十四”个匪夷所思的故事里边，后来的他不知道。

在这个问题上，宰我的表现还是比较严肃的。只是宰我之流，不入主流，影响缺缺。

听说宰我还问五帝之德，孔子觉得他不适合问这个。宰我说：偏问。

孔子对宰我大概不很欣赏，也不很讨厌。

宰我跟子贡在言语方面都有特长，断粮陈蔡的时候都是孔子的追随者，而且外交什么的宰我很有用。最困难最危险的时候，宰我在。孔子后来追怀，很真诚。

宰我不仅仅说话伶俐，也来真的。那么，做个好朋友吧。

庄周一梦

孟子有点着急，急着说服什么人。恣肆也好，犀利也好，目的太明确了，回味就少一些。公都子曾问孟子：“外人皆称夫子好辩，敢问何也？”孟子回答说：“予岂好辩哉，予不得已也。”好像孟子自己也觉得这么“好辩”不是优点。《论语》不同，可爱的竹简，洗牌一样任意搭配，一本可以随便在任何一页打开就读的书，具有“圣书”品质。翻动竹简的声音，模拟天地妙音，多少读书人读它韦编三绝。《论语》之美，也是“片段”之美，我们看到一点、一角，已经好极了，其实是个丰美的世界。老子呢？幽邈玄思，沉静质朴，甚至拙笨，恢宏，无所不包。

我不懂《老子》，“上善若水”四个字，就够琢磨半生的，再一句“治大国，若烹小鲜”，又够琢磨半生的。

我爱庄子，说不出理由。

经常重温他的梦。

“昔者庄周梦为蝴蝶，栩栩然蝴蝶也。自喻适志与！不知周也。俄然觉，则蘧蘧然周也。不知周之梦为蝴蝶与？蝴蝶之梦为周与？周与蝴蝶则必有分矣。此之谓物化。”

暮春时分，落花成阵，林间。庄周小睡，落花满身，花香如酒，醉了，睡了，梦了。

仿用汪曾祺说“花大姐”瓢虫的句子，蝴蝶是上帝“做”得最奢华的昆虫。蝴蝶的美丽似乎超越了生存的需要，飞翔的姿态也最接近舞蹈。我觉得庄子一定喜欢蝴蝶，喜欢花，喜欢天地间所有美好事物，看到会快乐，梦中自由，他变成他最喜爱的。

飞翔的梦，许多人有过吧？这样轻盈自在的飞翔之梦许多人也有过吧？把这样的梦记下来说给人听的事情也不是仅有的吧？

这样的梦值得说说。

“不知周也”，忘我忘形忘世忘荣辱忘得失忘情忘机忘智忘愚……忘了已忘、该忘、不忘……“栩栩然蝴蝶也”，得大自在、大美于沉酣之中。

无牵无绊，御风飘举。这样的感觉，任谁都会说好，都愿意体验。绝妙之处不在于此，在于梦醒之后。美梦总是很短，梦断时刻，有点茫然，或者还失望吧？刚才还“栩栩然”翩飞，现在怎么“蘧蘧然”僵卧？这么分明的沉重肉身，这么确定的“我在”，是庄周。

生命片刻的经验，到此为止，起身接着该干什么干什么去——那不是庄子。

庄子延续体验，丰富它，点化它。

自言自语：“不知周之梦为蝴蝶与？蝴蝶之梦为周与？”

石破天惊。我想起金·凯瑞的电影《楚门的世界》，“TRUEMAN”认真上班恋爱谈话吃饭思考观察，却原来是另一个世界的人们消费的影像，是每天直播的电视节目。他反抗这状态，穿越碧蓝的湖水，他看到画着逼真蓝天云朵的墙，墙之外就是真实的世界。在庄子的话语里，这面墙是透明的，两面的世界对等，世界因而扩大，更丰盈，更美妙。

做漆园小吏也好，跟惠子斗嘴也好，假托孔子颜回对话讲自己的思绪也好——也许不过是一只蝴蝶的梦。一下子打通了实与虚、人与物之间的界限，获得一定意义上的解放，获得自由。

在忧苦的人世间，多一点蝶之乐，鱼之乐，优游一些，不好吗？所以，我不在消极层面理解庄子，蝴蝶梦的存在，是对现世的否定与补充。由此我想到，现世的坚硬，黯淡，想到肉身的沉重与疼痛，想到紧邻现世的地方，蝴蝶翅膀一样的色彩，向着那里行走，行走，直到飞起来。

珍藏一个这样的梦，就像珍藏一句诗，走出身体，开放花朵——花朵是蝴蝶的前世？

引我迷恋的还有庄子世界的树。做一棵散木，叫匠人看都不看一眼的那种。

庄子的世界里，还有许多可爱的人，他们很丑，有残疾，但心灵饱满健康，顺应自然，从容安详。心灵得到保养的人，存自我，不内伤，怡然天地间，逍遥啊。

庄子喜欢否定。不材之材，不用之用，不为之为，不言之教，无情之情，相忘之境……我希望这样的词语可以给过于炽热的生活降温，吹一阵澄澈的风。无论过去还是现在，人们都太容易迷恋“是”“有”“在”“牢记”之类了，在具体的事物间享乐也沉沦，而且并不幸福。想一想，在别处，还有一棵那样的树，散木，心里清凉一点，安静一点。

和谐应该跟清凉安静有关。

庄子带你飞，信马由缰，或者不要什么缰！说庄子的话，不才如我，容易说得散乱，好吧，听一听楚狂接舆的悲歌，听到讽世或悲悯，都好。

“孔子适楚，楚狂接舆游其门曰：

凤兮凤兮，何德之衰也。

来世不可待，往世不可追也。

天下有道，圣人成焉；

天下无道，圣人生焉。

方今之时，仅免刑焉！

福轻乎羽，莫之知载；

祸重乎地，莫之知避。

已乎，已乎！临人以德。

殆乎，殆乎！画地而趋。

迷阳迷阳，无伤吾行。

吾行却曲，无伤吾足。

……”

一夜读完

为了表示喜爱，这样说：最近很少这么认真地看完一本书了。看了书的全文，又仔细阅读序文、后记，阅读封底的广告文字。

读到曹文轩序文的中间部分，天已经麻麻亮，窗户外面槐树树冠里居住的画眉今天第一次鸣叫，干净清澈，清晨鸟鸣是这样，刚刚读过的、正在读的文字也这样。停下来，听一会儿画眉的声音，别的鸟也叫了。

有的鸟只会直直地叫，或许学不会婉转。

留下一半序文，起身到外边去。采回一把野花，纯白一年蓬，黄色扶轮花，细弱藤蔓野豌豆，紫色唇形小花瓣一开一串。它们沾着今天的露水和昨夜的雨水。我把它们插到敞口玻璃瓶里。我喜欢采野花，采了一把，回头看，坡上依然如初。

野花的味儿，青草味儿，竹子清新。谁家早饭的米粥米香，大米，小米。

跟寂静在一起，跟书中人在一起，汉娜，米夏。

米夏记住她的细节：

骑自行车，她裙边飞扬。她爱水，似乎总在洗，为自己为少年米夏，为心里珍藏的另一个自己，她愿意她更洁净。她的手滑过米夏父亲书房书架上书籍的脊背，她迷恋遥远的世界，她渴望。汉娜疲倦的眼神，她的白发，她不再好闻的身体，她老了，后来硬硬的，死了。

写后记的先生说："这些人读过该书后变得和以前不同。"

我自己觉得我已经成型，很难再有什么不同。回味书里的事儿，我问自己："有什么不同了？"

想试着对人多一点懂得。

遇见的每个人，都只是呈现相遇的“此时此刻”，是他们自传的一个段落，从前在黑暗里。更多了解，才能说“我认得他”。没有机缘，看看这一段就罢了。但是可以爱，深爱，一生沉溺在独有的声音气味滋味里，细心呵护记忆珍宝。携带这包裹，走很多路。狭路相逢就互相凝视，就明确伸出手，有神指引吧？这个片段，是属于他们的甜美果子，随便怎么吃都成。

试着理解各种样式的相爱。相爱是他们自己的事，在道德边缘，有点不伦不洁，也是爱。他们自己才知道滋味。松开手，松开审视的目光，让他们自己决定。拥抱、相处之后离开，他们是自己爱情的主人。——本是常识。

他们不仅是他们。是他、她、你和我。这里可以用“我们”。

石竹。

野生玫瑰。

空荡荡早班电车车厢。

幽蓝秘密。春末夜晚，一个夏天，落雪的北方小旅社，棕色日记，梦里喊出的名字。

珍惜偶遇。你要是我的哥哥啊，招一招手。

麻木不仁的时候，蜂鸟尖利的喙，刺痛皮肤，唤醒曾经的爱，唤醒此刻。

汉娜艰难地学会了书写，我记住了她用力写的字：

“院子里的连翘花开了。

我希望今年夏天雷雨天多点。

从窗子里朝外望过去，我看到鸟儿聚在一起飞向南方。”

力透纸背，又柔软。她看着花鸟写这小诗的时候，目光是怎么样的？

专注，诚恳，悠远，还有一点忧伤。希望她的“小家伙”看到，希望回音。我读到隔绝，读到孤独。那也是我的困境，很熟悉的感觉，没有回音，永远不会有。绝望也能微甜微笑微微幸福。

有罪，有爱，有秘密。最重的原来是秘密，是“心中的自己”。对自己忠诚，即使因此身陷牢狱，即使放弃爱，死也顺理成章。

翻译文字不好评论语言。就是经过翻译，也能感觉到文字独特的美好，“干净清澈”，庄重雅正，偶尔妩媚，跳一跳，少年走路一样，浪花一样，忍不住起跳。我跟随溪流走，不知不觉，东方既白。令人心碎的离别时刻到来，死亡及时来，死亡几乎是拯救。

如果说卡夫卡的文字是“干燥的诗意”，那本哈德的文字微微湿润——

体贴流丽，不铺张，大方，直抵深处。就像书里大块的时间，零碎的时间，从前的某个夜晚，读者听不到的声音——最美朗读声。为倾听的耳朵，才那么好吧。

再次翻开这本书，随便哪一页，试着朗读："夏天便是我们恋情的一次滑翔飞行……我们仍旧按照老规矩朗读，淋浴，做爱和并卧，我给她朗读《战争与和平》，伴随着托尔斯泰……"

读下去，做《朗读者》的朗读者，这本书适合读出声音，这是诗歌的特点，不知道德文的声韵节拍，怎样优美。

默读也好，沉思也是这文字的品格。追问爱与死、罪与罚、释怀和铭记。

静听忏悔的潜流。

把它放在《洛丽塔》旁边吗？不，单独存放。纳博科夫炫技，大凤蝶绝美的翅膀飞舞在令人意乱神迷的早春鲜花初开的原野，别的不重要，优雅就够了，创造就够了。

本哈德质朴。

虽说，一样的丰美。

一样悲悯。

读片段，口角噙香

读过杂七杂八的书，有一个晚上睡不着，回想我记得的片段：

它们慢慢浮起，一朵，一朵……

第一个，“龄官画蔷”。

蔷薇的季节，暮春阵雨之前，小戏子龄官在蔷薇花下，一笔一笔画的只有一个字——蔷。这是一幅图画：“树荫合地，满耳蝉声，静无人语”，初夏的味道浓郁得要流淌了。龄官呢？是个“眉蹙春山，眼颦秋水，面薄腰纤，袅袅婷婷”的女孩儿，入得画吧？她画那个刻骨铭心的字，已经画了几十个，如果不是片云致雨，恐怕还要画下去。

呆子宝玉，站在花间看花看人，看龄官愁肠百结的样子，早就看得痴了。雨来了——宝玉身在雨中都忘了，喊人家：“不用写了。你看，下大雨，身上都湿了。”

龄官说：“姐姐不也在雨里？”——花木掩映中，少年宝玉像个丫头。

宝玉有什么好？富家公子的毛病一样不少，再加上百样宠爱于一身，越发了不得。可是，他把人当人看，这就很不简单，在别人眼里阿猫阿狗的丫头，他真心当做姊妹，为他们欢喜，为他们悲伤。

还有，他风雅。诗词歌赋虽说在黛玉宝钗湘云这些实力超强的诗人参加的大观园诗歌大赛中频频落第，可在其他场合，他很厉害。不仅题匾额文辞新鲜有趣，就是跟薛蟠一流吃酒作乐，薛呆子他们大多哼哼垃圾小调，宝玉唱的是：

滴不尽相思血泪抛红豆
开不完春柳春花满画楼
睡不稳纱窗风雨黄昏后

忘不了新愁与旧愁
咽不下玉粒金莼噎满喉
照不见菱花镜里形容瘦
展不开的眉头
捱不明的更漏
恰便似遮不住的青山隐隐
流不断的绿水悠悠

拈一片梨吃了，说的是：雨打梨花深闭门。

这两点，即使只有这两点，宝玉也是一个美好的人。

下一个。白先勇的《蓦然回首》，写母亲病中：

“……她在医院里住了六个月，有一天，我们一位亲戚嫁女，母亲很喜爱那个女孩，那天她精神较好，便挣扎起来，特意打扮一番，坚持跟我们一同去赴喜筵。她自己照镜，很得意，跟父亲笑道：‘换珠衫依然是富贵模样。’虽然她在席间只坐了片刻，然而她却是笑得最开心的一个……”

白先勇的母亲早年锦衣玉食，婚后生育十个子女，在战乱年代带领全家辗转漂泊，坚忍能干，晚年病弱，但有些女人的优雅美丽不会被消磨掉，年龄或者疾病，对她们无伤。

白母这句话出自程派名剧《锁麟囊》。富家小姐薛湘灵，饱尝哀苦之后，告别女佣身份，恢复旧貌，“悲欣交集”——“换珠衫……依旧是——富贵模样……”。母亲病重，挣扎起来，装扮自己，照镜子，得意，对父亲笑，吟唱。这是母亲最后一次以华丽姿态出现在众人面前，不久便大去了。

这样的女人，心灵深处有泉源。他们懂得生活，把日子过得跟程派唱腔一样摇曳多姿，以深情带领手眼身法步，带领婉转声腔，带领所有细节，甜美，又强韧，温婉，又有剑锋，而且淡定从容，而且饱满。

生命变得有韵味，有尊严。

一句唱词，往日青葱岁月的一片落花，跟英武夫君一起听一起唱《锁麟囊》的时光，似乎一下子回来了……那些芳香的日子。这一点，也触动我。白先勇那么喜欢昆曲，大概跟早年生活有关系吧，程派京剧最接近昆腔。

这位母亲，让我想起，穆旦的《冥想》：

把生命的突泉捧在我手里，
我只觉得它来得新鲜，
是浓烈的酒，清新的泡沫，
注入我的奔波、劳作、冒险。
仿佛前人从未经临的园地

就要展现在我的面前。
但如今，突然面对着坟墓，
我冷眼向过去稍稍回顾，
只见它曲折灌溉的悲喜
都消失在一片亘古的荒漠，
这才知道我的全部努力
不过完成了普通的生活。

再一个，就是曹七巧的镯子。

衰年七巧，没有爱情，没有爱，丰泽的鬓发肌肤也没了，曾经的曹大姑娘的浑圆手臂瘦成枯柴。当年的一环玉镯，掖条帕子都勉强，后来，可以从手腕一直撸到腋窝。

想一想，她把镯子推上去，镯子滑下来，不由得可怜她。

最可怜的长安，最后一步一步退到没有光的所在。七巧是看见的，她自己的女儿，被她无声无息地毁灭，没入黑暗。

七巧何曾感受过光？“七巧低着头，沐浴在光辉里，细细的音乐，细细的喜悦……”——是假的，睁开眼，是姜季泽那张脸。

冬天不适合说张爱玲，太冷了。张爱玲的书喜欢喜欢很好，不宜太入迷，对养生不利。

说一个开心的。

阿Q画圆圈？不成。老舍的短篇小说《热包子》：“小邱嫂的小屋真好。永远那么干净，永远那么暖和，永远有种味儿——特别的味儿，没法形容，可是显然的与众不同。”这个嫂子牙齿洁白，笑容甜美，人前欢欢喜喜，人后跟自己男人打架——一定有什么吸引了她，她随什么人走了，小邱苦得要死——

“忽然有一天晚上，不是五月节前，便是五月节后，我下学后同着学伴去玩，回来晚了。正走在胡同口，遇见了小邱。他手里拿着个碟子。

‘干什么去？’我截住了他。

他似乎一时忘了怎样说话了，可是由他的眼神我看得出，他是很喜欢，喜欢得说不出话来。呆了半天，他似乎趴在我的耳边说的：

‘邱嫂回来啦，我给她买几个热包子去！’他把个‘热’字说得分外的真切。”

还是不成，这个热乎乎的字，勾出我的眼泪。

那么耐心看《失乐园》，知道这不是我的电影，是他们的。最后走向寂灭时分的台词听来也没有什么感觉。记住这个细节：

久木的妻子文枝在家里走廊遇到就要离异的丈夫，递给他一个纸袋，是日本风俗吧，漫长的冬天要过去了，亲友之间互相赠送礼物。文枝说："春天就要来了。"

即使因为这句话，也要怜她惜她。有谁那么轻轻告诉你春天就要来了。

另一个细节：凛子的丈夫，一个人，默默地吃冰淇淋。

前一个有早春的气质，乍暖还寒。后一个接近卡夫卡，不说话，甜和凉，融化的感觉只有唇舌知道。走不出去，也抵达不了哪里，一口一口，冰淇淋在。

《樱花盛开》。

你的衣裳贴近我的身体，你的那件平常的浅蓝毛衣。细雪纷纷，樱花开了。你看，你的樱花，你看到了吧？——悄悄撩开衣襟。

衰朽不堪，老了就要死了。为你起舞，更多了解你之后，我们一起再次死去。终于能用珍藏很久的那个词了——苍秀。爱情不只是一段遥远而早已经忘记的过去，还是此刻，樱花花瓣亲密在一起的菜卷儿，富士山的雪。

我不会忘记你苍老的容颜。我爱你家常的裙衫。

加太洁二的一篇短的文字，叫《母亲的味道》，没有渲染什么，只听母亲说："什么叫做卡尔庇斯的？我想喝一回看。这名字我是知道的，却是没有喝过卡尔庇斯这东西。"

这古怪的名字不过是指一种甜的饮品，广告里有的。

他写到：

"我于是叫了一杯热的卡尔庇斯和咖啡，母亲一口一口地很珍重地喝着，并且喜欢地说：

'这么好吃的东西我是第一次喝着。过岁时，再给我喝一回吧。'"

这年的秋天，母亲就故去了。

我学着小林一茶的哀伤说："岁又暮了，这婆娑的往事啊，这泪水。"

用理解的心，笨拙的笔，一句句的写下来，如果力不从心，也是没有办法的事情。

石川啄木的一首短歌，拨动我：

来到镜店的前面

忽然的惊了

怎么寒蠢地走着的一个人啊。

都是忧伤。

著一“闹”字……

有人说一句话，就会被人们说来说去，没完没了。春天，一家院落杏花开了，花朵繁密，挺喜人。有人吟来“红杏枝头春意闹”——影响颇大，人们喜欢极了，宋祁先生因此得一外号——“红杏枝头春意闹尚书”，也不嫌叫起来拗口。我想真正这样叫的人也不会多，不过酬酢之时，叫的以为有趣，听的也舒服。简称“红杏尚书”不错。宋家府邸，夜夜笙歌，人们不知道天色已明，杏花开不开，只知道闹下去好玩。“闹”字好。

的确很好。苏轼也写过“小星闹若沸”，他夜晚走路，抬头看天空拥拥挤挤的星星，这样感觉。我看了很神往，那时候的星空……也有人不喜欢，李渔。他说：“……若红杏之在枝头，忽然加一‘闹’字，此语殊难着解。争斗有声之谓闹。桃李争春则有之。红杏闹春，予实未之见也。‘闹’字可用，则‘吵’‘斗’字‘打’字皆可用矣……”

王国维非常赞赏：“著一闹字，则境界全出。”这一说流传最广。有一回我跟学生讨论古代诗词炼字功夫，大家研究这个“闹”字，也闹了半日。唐圭璋《唐宋词简释》：“此首随意落墨，风流娴雅。绿杨红杏，相映成趣。而‘闹’字尤能撮出花繁之神，……”这个唐显然喜欢。“闹”字不是任什么文人都说得出的，才气过人，运气过人，特别“热爱生活”，风流自赏的宋祁说来很自然，后人或喜或恼都说得有趣。不过我还是喜欢“绿杨阴里晓寒轻”，安静一些。一句话引得文人说来说去，也是“雅事”。

我想说说别的“闹”字。

北京，那时候叫北平，那些年学生运动风起云涌，北平市民喜欢看热闹，示威游行要看，“二丫快来看，过学生喽……”，学生被杀也要看，而且

觉得不好看，一个个可怜模样，没有人唱戏文，也没有人大喊“再过20年……”学生运动不管为了哪一条，市民都叫它“闹学生”。大家看看热闹就完事，那时候的热血孩子是否知道，启蒙，任重道远。

类似的说法还有闹土匪。说的时候有恐慌也有热闹可看的一点欣然。说“闹学生”似乎没有恐慌，学生不可怕。“闹学潮”也没有太多可怕的感觉，不过算闹一闹。

势均力敌的双方争斗一般不在“闹”之列，总是小势力，年轻一伙顽皮的、非正统的个体或小群落做一些风浪，添麻烦也似乎添了趣味，才说“闹……”。

趣味当然重要。

上元节闹元宵。心花也如灯花繁，个儿郎拾取珠花绣鞋巾帻，有趣的故事开始了。

新婚夜闹洞房。民俗说“三天无大小”，叔叔伯伯大哥哥也可以肆意笑谑，甚至动手动脚，人们都笑嘻嘻的，新人也不能恼，得忍着。有趣的话把儿说到新人已旧已老。

闹得成功，流传千古，每次提起都酣畅淋漓。

鲁智深大闹野猪林，靠一支禅杖，靠巨人力量，惩恶扬善，神勇非常。果然该出手时就出手，花和尚的美名，一直传扬。昨天看京剧《桃花村》，一家子惹来强人麻烦，还是靠更强的人鲁达四两拨千斤。不敢设想，如果不是碰巧遇到鲁提辖……如果根本就没有鲁提辖，那怎么办？

哪吒闹海。实在是个十分“浪漫”的故事。小时候听父亲讲《封神榜》，很喜欢那个粉嘟嘟的莲花莲藕娃娃。这个娃娃在粉嘟嘟之前，已经了不得。他打死夜叉李艮，打死龙王家小龙三太子，打死也罢了，还抽了他的筋，想送给父亲“束甲”——做完这些回家，就像什么事情也没有发生，不过是寻常的出去纳凉，洗了个澡，回家后自在地去后园玩耍。后边的故事，不管怎么为百姓着想，我也不愿意再看了。这个闹法……后来也不看《哪吒闹海》的卡通片，说不清为什么，只是觉得不舒服。

孙猴子大闹天宫。那简直就是闹革命了。动画片十分精彩，华丽的“闹”。

回到现实，今天，很热的话题，在广大南方“闹雪灾”的时候，关于教育。闹来闹去，已经很久了，冷了弟兄们的心。常识长期被搁置，变得惊世骇俗。底线每天被打破，人们见怪不怪。呐喊，不留神就变成尖叫……置身演唱会的感觉。呐喊还会引来，吼叫，骂街打架，语言群殴……一时间，好不热闹。

还有呢，茗烟闹学，司棋闹厨房，芳官几个小戏子小丫头子大闹赵姨娘……

Ke Tang, Shi Yi Hai Zai

不一样的声音

长大后，不要成为我……

这几天到处听到这个歌，连商场都凑热闹，听得很烦。

孩子们，长大后成为你希望成为的自己，不要成为别的谁。我们做教师的也不会那么天真，一听有人唱这个，就晕乎乎地认为有许多孩子愿意当老师，当女老师就像吃冰淇淋一样，甜甜的，柔柔的，凉凉的，如果冬天，她就变成珍珠奶茶，暖呼呼的。女教师在歌声、图片或者电视剧里温柔美丽，利落短发或沉甸甸的长辫子，微笑，微笑，总是微笑。

当然有许多这样迷人的老师，很多，但更多的是平凡。疲惫的女老师，一天忙碌之后没有胃口，对自己的孩子疏于照料，甚至没有时间也没有心情去寻找呼应季节和身材的衣裳，更多的自我否定，更多暗淡的面孔，更多胡乱纠结的头发。开学典礼，套装那么多皱褶，不认识康乃馨。陀螺一样忙碌，挣扎，是常态，别的职业也有的，不值得同情。如果不是到某些日子，就被拉出来赞美一遍，我也不诉苦。我们承担我们的幸福和苦痛，我们自己知道。

唱歌的女人没有做过老师，没有良心地说什么春蚕红烛的人，也不会做老师。

喜欢孩子，喜欢在孩子成长的这一阶段跟他们共处，他们未来的修养成就和幸福里，有我们些微的努力，我们以此为生，以此安身立命。

被安排，或者我们选择过，是这样。

尊重我，尊重我的职业专业事业，就像我尊重你的，你的小号你的排笔你的图纸你的公文你的庄稼你的签署文件的手你的缝纫机。不用唱，不用那

么多人都唱，不用唱得那么容易，像轻盈的蝴蝶翅膀——似乎老师，女老师每天都蝴蝶一样飞来飞去。尊重就够了——长大后，你要生存，辨别是非，获得幸福，成为独一无二的你自己，承载你自己的悲欢，你自己的命运，不管什么职业，都坚守你的尊严。这些很平常。梦想的枝叶，在具体的活动中伸展。我是老师，我愿意帮助你。

想一想那些被歌唱的人群，想一想只有到一年的某个特殊日子才被突然想起的人，想一想他们庸常的被人遗忘的其他 364 天。在既定的千篇一律的歌声又一次猛地哗啦啦到来的时候，康乃馨也倦了，片刻枯萎。

长大后你愿意成为“类似”她的人，可以。只要你真的想，而不是唱唱算了。

你愿意成为什么样的人？别着急，别信歌词，问清楚自己，不说出来也可以，然后明白怎样成为那样的人，去努力。有一天你发现，你已经成为你想成为的人。你自己会有意想不到的好看，而且喜悦。

美丽女教师，很好。

满腹经纶，风趣幽默，心胸宽广，英俊挺拔的男老师——中小学里，实在太缺乏了，这样也好。不英俊也没有什么，咱睿智。不挺拔也没有关系，咱善良，有一颗柔软的心，有训练过的思维能力，咱实践爱。——有足够的常识，挺好的。

别每天都是单薄甜美朴素的姑娘唱“长大后……”

小伙子来一个！

我昨天回来的学生赵怎么唱？

他说，长大后，去美国当教授，之后……

还有许多参差驳杂的梦想呢：去西班牙当农民，开一个冰淇淋店，首饰屋……亏了只有一个教师节，不然腻味的歌更多。

广场，舞台，同一首歌。

西部教师。

“幼稚美丽”或者“弱智美丽”的女主持人，胡乱说话的男主持人一定要说：

“在热烈庆祝第几个十几个二十几个教师节的欢乐日子里……”谢天谢地，今天是第 23 个。数数儿到底为什么？强调多还是强调少？还是只为了无聊？

不要再数下去了，不然到什么时候停?

最好换支歌，或者弄点真正的音乐，一个真的音乐会，不要只是同一首歌。

干吗这样迷恋每年一样，直到地老天荒?

干吗一定要成为“你”?

不输在起跑线上，输在哪儿……

听了就信，就奉行。有声音说：“不要让孩子输在起跑线上。”有许多人应：“是啊是啊。”于是摩拳擦掌准备，为赢。

准备什么？

英语奥数琴棋书画……这些极好的东西，自然摄取，非常有利于儿童成长的东西——成补品了，它们被迷信，其实也是被贬损。

越早越好，从胎教开始。

时间就是海绵里的水，挤呀挤呀，发扬“钉子精神”，钻啊钻啊。成年人可以，小小的孩子，不得喘息。我听到有家长说：“你给他一个童年，就会亏欠他一个未来。”

失去童年，就一定有期许的未来？

孩子们怎样生活，不是秘密。

来到这个世界，就是要拼个输赢的。世界上只有两种人，赢者和输者。而赢的总是那么少。人生是一场一场接连不断的竞技比赛，看看比赛就知道了，社会越来越不承认第二名，只要第一。

社会几乎每天都成功制造大批失败者。失败就是硬生生的失败，没有余地，几乎所有城市乡村都不相信眼泪。说起来并不新鲜，不过是很多人确信的“丛林法则”，弱肉强食，没办法，谁叫你不够强硬？谁叫你发展迟缓？谁叫你不适应？谁叫你没有在第一时间像需要的那么优秀？

黯然神伤，也活该。——社会达尔文主义，知道不知道这名词没有什么关系，做起来不含糊就是了。所谓“物竞天择，适者生存”，只有承认现实，适应现实，并在此基础上创造出令世人普遍认可的所谓“成绩”，才能体现出生命的价值。

为此成绩，研究技法策略是必然的，人们也可以原谅各种手段。

可以对过程中出现的各种状态视而不见，或者认为是必然呈现的。无聊，无奈，疲惫，痛苦，苦难——还可以有别的样子吗？别人的失误失策，当然暗自欢喜，因为是“我的”机会。这样很可怕，想想就会明白可怕在哪里——你一定是赢的那一个？今天赢了，能保证永远不输？战斗，到生命最后一刻，也依然是输了。教育如果也是如此，真是很冷，让人不寒而栗。

谁来定义强和弱、优和劣？

如何评价发展中的人？如何评价在一定时间内发展不平衡、不确定的人？拿尺子的人只拿一把两把尺子，不就是“武大郎开店”的精致版本吗？淘汰，是个残酷的字眼，而贴着“劣等”“弱者”“不成器”“难成才”标签的，恰恰是咱们自己的孩子，贴标签的手居然不软不颤抖，真够强。

一个小型的聚会，大家自然谈起孩子。问话这样开启：“你的儿子（女儿）在哪国？”

大家无一例外地把“很成功”的、“不太成功”的、“怕将来不成功”的孩子送走。其实送走一样残酷。我想说的是，他们躲避什么？如果躲避得了，又说明什么？

起跑线已经不是入学（幼儿园，小学），开始在哪里？父母是否健康高智商，营养是否全面均衡，是否有钱更讲究饮食，是否有条件接受艺术熏陶滋养，是否来自一个优等的家族，是否具有起跑跳跃“超人”的力量……即使不说下去，不联想“雅利安人种”，单看为了教育孩子做的事情，也可观。

种种努力，没有科学知识和人道精神打底，还不如不要。弄得人间大教室，无一处不教育，无一处没有特别明显的、目的明确的教育。看一朵花，写一篇作文是理所应当的，要不孩子看花干什么。幼儿去公园，一朵花一只鸽子也要练习做加法，磁带里播放的应该是小九九和英文单词。几乎所有的儿童都会背唐诗，拿来表演开心的是一家人，他们看到了未来的成功。

其实我说不上道理，只觉得乌烟瘴气。

傍晚玩耍的小学生对话：

“做完作业了没有？”

“老师的做完了，爸爸妈妈的还没有。”

“你妈给你留几张？”

“不多，奥数语文一样一张（试卷）。”

“那咱们快回去吧，我爸妈留的多。”

我们的孩子们可能终生不会玩耍。没有试卷的时候，呆呆的，就像陕北疲倦至极的农民一样，只想什么也不干，“坐一天”。

院士，这么稀有的人物也牢骚：“减轻负担了，我的孙女在家里不知道怎么学习，怎么办?”——好办，再把负担加上就是了，越沉越好，从此孩子就明白怎么学。

怎么用“敲门砖”？用过之后，丢掉。这话说起来不好听，负气的样子。说温和点——是否可以引导孩子“重新”学习，拾回丢掉的好奇心，拾回很多更宝贵的，或至少意识到有一些东西丢掉了很可惜。比如真的喜欢点什么，为自己喜欢的投入心血，真的质疑和探索，为真的收获快乐；比如学习严肃阅读，学习真诚表达，说自己的话，省察自己的内心；比如学习快乐，学习良好的生活习惯，学习微笑，学习做事情……应该很多。

自己努力，所有被剥夺的，会归还给你。

不用悬梁刺股，也可以健康成长；不用焚膏继晷，也可以有所收获。即使夜以继日，也不会哈欠连天，怨声载道，因为，我做，我喜欢。

每一天都有微小成绩，未来也不那么绝望。即使一样的“失败”，连过程也失败的失败，更彻底一些。何况积累成功怎么会最后失败呢？更长远地说，或许不以成败论，以是否感觉自己充实完美论，以如何穿越时间论。或许不应太在意来自他人的“论”。我们的文化，过于看重功德了，而功德又很容易简化讹化成官位钱财，这些明晃晃的东西，谁也不敢看淡。看淡的几位，真的假的吧，都要在历史上记下来。多元化选择生命方式，不大惊小怪，也需要期待未来。

“你的儿子这么出色，怎么教育的?”——我问。这儿子跳级，高一就参加全国物理竞赛拿了大奖，被保送北大。孩子父亲说：“很简单，就一回。”

我当然十分好奇。

他说：“一次傍晚，我领他回家，天快黑了，路口卖报纸的还卖呢，‘买报——买报纸来——’，声音有点悲哀。‘他不能回家……’我对儿子说，‘好好念书，要不就像他。’于是……”

事情当然不会这么简单，这几乎是笑谈，虽说说的人很郑重。哪怕有一点点这缘由，也值得思考：因为不要做“下等人”，不要那样“悲惨的人生”而发奋。

这没有错。可是根深蒂固的“下等人”“人上人”概念，使孩子们觉得他们永远是“他们”，是必须远离的。这样的动力，距离人道主义精神，距离博爱和悲悯，距离平等有多远呢？一不留神，我们就是我们所看不起的

"下等人"，想尽办法也要避免这样的命运。避免不了呢？只好……一如很多很多的人，就在那里，生死由他。

输得真惨。

因为起跑线？因为过程？谁已经看到了先验的结果？

安定社会，保障机制比较健全，在一定程度上不仅仅靠丛林法则生存，揣测"他们"一团黑暗地活着，也不是特别有把握。即使现在，一切都不如意，一个具体的产业劳动者，一个小摊主，一个农夫也未必如"高高在上者"刻意描画的那么糟糕。也可以这样说：攀上去，未必到达天堂；落下来，未必一定是地狱。只是看上去很美，或看上去很丑。这样的看，也并非绝对，每一个人都在既定的等次里，你蔑视给你擦皮鞋的男孩子，也理所应当被那个车子比你大许多的胖子看不起。最高层次的，几人而已。他们的情况，也复杂着呢。

即使这样，也永远不放弃固定想法，不择手段要攀上梯子的最高层，第二层是地狱，在第一层之下任何地方都能够"画地为牢"。这还不包括，努力攀登的孩子在被逼迫过程中丧失的纯真、健康和幸福的能力，不包括扭曲的心智。是的，没有童年——且不说一个人没有童年，是怎么样的不完整，怎么样的恐怖——也似乎没有黄金的未来。不输？

不输，未必赢。

不输在起跑线上，输在哪里？

赢的几率很小，赢了也未必就是真的赢——如果计算成本，如果算上失去的。

这些文字也是偶尔跳一跳，如在泥沼，跳得过低，会陷得更深一些。也很怕美妙的想法和改革动作是顿时闪亮又即刻熄灭的焰火，空留闪烁时的欢喜和惊讶，之后湮灭，一切照旧。每一个人都是参与者，不旁观，不冷嘲，一点一点努力。

以更为开敞的胸怀容纳、吸收对立面的精神营养。倾听幼稚、简单或者深思熟虑的"不同的声音"，同时审视自我，否定自己——在矛盾、混沌、混乱中，以求一点颖悟。

我不喜欢的评课“专用词语”

一是“挖掘”。这个词被老师们频繁使用，早就超过了使用铁锨镐头镢头的农夫，超过了使用巨大挖土机器的师傅。

我们用来挖掘教材。

挖出深意，挖出美感，挖出情感，挖出思想，挖出什么什么。

《现代汉语词典》（第 5 版）1395 页左半页第五字：

“挖：①用工具或手从物体的表面向里用力，取出某一部分或其中包藏的东西。挖洞；挖土；挖个槽儿；挖潜力。②（方）用指甲抓。”

《现代汉语词典》（1996 年修订本第三版）691 页右半边第三字：

“掘刨，挖。掘井；掘土；发掘。”

《现代汉语词典》（1996 年修订本第三版）1290 页左半边第三字“挖”下边词语：

“挖掘，发掘。挖掘地下的财富；挖掘生产潜力；挖掘、整理地方戏曲剧目。”

我的理解：挖掘是一种有目的的动作，因为明确或隐微的未来收获，所以要用力。一般挖的面儿不很宽大，讲究深度，甚至越深越好，深到一定程度才可以挖别人所未挖，得别人所不能得。得到之后，对那东西相当珍爱，略有“奇货可居”的窃喜。

所要的东西在里边，包藏着，不会轻易得到，得到或自以为得到之后偶尔会十分欣喜，忘了辨别真伪，鉴定价值，急忙当宝贝示人。

芸芸之辈的反应不说，方家要笑。

一篇文章编到课本里就叫教材，是学生学教师教的材料，这有什么变化

呢？阅读的人变了，教师不仅仅为了自己需要才读，学生不是因为喜欢才读；阅读的方式变了，是一种在特定时间特定地点的“集体”阅读，还有教师提出要求，解决疑难，组织讨论；阅读的目的不一样了，在教室里学习一篇课文，或多或少总有些相对统一的目标，一般达到了才算成功的阅读，教师才算成功地完成教学。

有没有没有变化的？

我认为有。一般文章，明白了“写的什么，怎么写的”就很好了，如果再可以明白“为什么这样写”就已经开始进入较高的层次，开始鉴赏了。

选入中学课本（尤其初中）的文章，大多比较平白浅易，读者明白“写的什么，怎么写的”并不是多么困难的事情，尤其对受过数年专业训练的教师来说，只要具备基本的专业能力，肯静心看看文章，就可以明白。所以，挖掘一词用来用去，有时候不过就是说“教师先把文章读懂”。如果读懂都需要敲骨吸髓一般费劲，外行说说也罢了，内行当真赞扬起来未免有些味道不对。

我喜欢说“老老实实把文章看懂”。

说“挖掘”，就难免只注意点上作功夫，忽略文本的整体性；提倡“挖掘”就难免“挖”得过于艰深，脱离一般读者的阅读实际；陶醉于“挖掘”结果，就有可能把自己很特别的阅读体会当做学生们的阅读目标之一，引导学生朝向自己以为很深很新的方向，结果十分吃力。

对教材理解是不该平浅，但为避免平浅而刻意深邃，即使偏了歪了远了甚至错了都在所不惜，就不仅是可笑了。

我听人说“挖掘教材”，总有点不舒服，不知道为什么，今天仔细琢磨一下，有了一点心得。“挖”，太用力了，缺少从容，缺少游刃有余的自在圆融，缺少心中自有主张的自信，缺少对教材的本真认识。“用力过猛”造成的“过度阐释”也是一种“误读”，尽管这种误读往往被原谅。

还是老老实实把文章读懂吧，再说，这个词儿，已经用得太久太滥了，就像时下流行的种种时髦话，人人都说，说说而已，不管这个词的实际意义，不管是否言不及义，是否夸大其词，“大师”“美女”云云，已经贬值，“靓丽的风景线”都快令人作呕了。

读书要思考。挖掘？算了。

二是“亮点”。如果有专家说某人的一堂课没有“亮点”，那这堂课算完了——没有亮点。我是平平常常的老师，不讳言经常上没有什么“亮点”的课，就像家常布衣，体贴舒服，不特别设计夺人眼球（这个说法也可恶得

很）的环节，自自然然，该干吗干吗。谁都不是演员，大家一起读书想问题谈看法，家常气氛，家常活计，今天没有干完，明天接上。不用为了完整，让学生损失宝贵的课间时间，不用为了我自己想说的话没有完，我自己漂亮的环节没有展示，而摁住孩子。铃声是命令，对学生如此，对教师亦如此。

疲惫的身心，哪里会在乎那点“亮点”！

真正的朴素也是美，真正的华丽也是美。别忘了，朴素拒绝假水钻似的闪闪发光，华丽一样拒绝，真正的华丽在骨子里，不在零星点缀上。

如果被圈点表扬的不是课本身，不是孩子们是否有进益，而是教师声音甜美，服饰养眼，朗读能力很强，课件制作精美，开场歌曲乐曲选得适当……那么我想问：一个声音不甜、服饰一般、朗读不是很有特长、不大选音乐也不怎么使用课件的教师怎么办？我们普通教师天天干什么？

没有亮点，一团黢黑？其实，也不尽然。而上面的这种被表扬的亮点，大家心里明白是怎么回事。

三是“出彩”。与“亮点”差不很多。

“出彩”这个词的意思本来很好，教师设计一堂课的时候考虑到哪里应该出彩也可能会出什么彩，只是在一年年的频繁使用中，用得有些漫不经心，这一点引我忧虑。

课堂上师生表现出精彩当然很好，让在场的人精神振作，感受到生命的创造力和创造带来的自由欢畅。一堂课被点评的专家说很“出彩”，也是让上课的教师得意的事，只是，得意之余是否还要想想：那些“彩”如果没有出来会怎么样呢？

例如，导语很精彩。如果平实开头，没有渲染会怎么样？

过渡衔接很精彩，如果就无痕迹地滑过去呢？

结语太好了，真出色——如果没有……

之所以抽出一节课的开头、过渡和结语说事儿，是因为被评为“出彩”之处往往是点而不是流程，不是整体——甚至忽略了课堂应该处于主人地位的学生，教师忙着出彩，学生做什么？也有另一种偏颇，说“某某同学回答问题很精彩”“某某同学朗读很精彩”，那其他同学呢，老师呢，都很一般？

再说多媒体、视频、音乐精彩之类，就更离得远了。

评课人需有专业能力和专业精神，平常人这样说说没什么，如果不深入课堂深处、细处，不太关注师生课堂的成长，看不到安静平易之处的智慧生成，只在炫彩之处锦上添花，这样的词语会给许多人带来虚浮之感，不用、少用也罢。

打开语言的另一面

跟“大师”叫板较真儿，也是为了博您一笑。

人们怎么说欣赏语言？说咀嚼，说品味，跟吃好东西一样。

而且用来细嚼慢咽的大多指好的语言，好得不得了，怎么赞扬也不为过，并且已经被赞扬了很久很久。

就说周敦颐吧，他特别喜欢莲花，曾说“莲是吾家花”，把莲当做自己家的“家花”，也不管人家莲愿不愿意。他赞美莲花的名句实在太有名，跟徐志摩的“轻轻地我走了”，海子的“面朝大海”差不多，很普及，上过初中的都知道。

真的很美。清洁高雅出尘超俗，而且端庄宁静，一定是“出淤泥而不染，濯清涟而不妖”。

可是，我总觉得有那么点别扭，怎么回事呢？我得琢磨琢磨。

水生植物大多植跟于水底，肥力很足的当数含腐殖质多的淤泥，在淤泥里扎根才底气壮，长青翠叶子，开娇媚花朵，结丰硕果实。不仅仅莲，还有荇菜、鸡头米、凤眼藻、菰等，莫不如此。相反洁净的沙质水底，适合游泳，不大长植物。所以，用很看不起的语气写淤泥，不公平。

再说“不染”，除了少数奇怪又特别名贵的花，一般的花，不管从怎么不清洁的土壤里长出枝叶，花朵总是干干净净的，我们平常很难看到被自己下面的泥土污染的花。那些水里的更是这样，不仅莲，就是纯白的小小的荇菜的花，也白得像最初的爱，像深山的雪，一点都没被污染。

恕我不敬。再来说“濯清涟而不妖”，说这种话，我觉得也有一个预设：一般的花，在泛着清清涟漪的水里洗涤之后就一定妖媚，而妖媚，不管是花还是女子，似乎都跟品行有关，不叫人喜欢，尤其不叫道学先生喜欢，就是心里喜欢得不行也不说喜欢，或者越是心里喜欢越要说讨厌，说憎恨。

了解一下朱熹夫子怎么对待严蕊的，就明白了。

端庄宁静高雅是美，娇俏迷人性感也是美。难不成都跟王夫人一样，看见笨笨的就欢喜，看见晴雯就厌恨，说她打扮得妖精似的迷惑自己儿子。这审美观跟儿子差别很大，不过跟周先生肯定谈得来。

我看花，不管是否出淤泥，是否濯清涟，都看不出“妖”，可能有点“心里有什么眼里便见什么”的意思吧，就像说禅的小故事一样：怀抱女子的和尚坦然过河，耳提面命说抱女子过河不合适的和尚心中结个疙瘩，手上没有，心里放不下。心中总琢磨谁妖谁不妖，看到花就那样赞美了。不信试一试，对一个沐浴之后的清新女孩子赞美：“你刚刚从清水里洗涤了一遍，可是一点不妖媚……”

匪夷所思吧？

“花香欲破禅”，是心里想破。

家常课，家常味道

俗话说“要饱家常饭，要暖粗布衣”，上课也大致如此。公开课当然要精雕细刻，体现教师先进的教育理念，多面的教学才华。上过公开课的人都知道，那是一场艰苦鏖战。一个教师不经过组里学校里区里市里乃至省里的一番番捶打，很难真正成气候，也可以这样说，名师就是这样炼出来的。

普通老师的每日工作，名师的日常教学，我叫它“家常课”，上好家常课，是一个老师的看家本领。日子久了，学生喜欢上了家常味道，应该是教师学生长久的愉快。日积月累，教师专业成长的路一步一步踏踏实实走过来，对学生的成长也是一件有把握的事情。

怎样的家常味？

首先，家常课“适口而做”。教学资源的开发是针对独特的“这个班”“这一类学生”，甚至“这一个学生”，例如，学习《隆中对》时，我知道我的班里有“三国小专家”，那么介绍背景的事情交给他，他会非常热心地准备讲稿、画图、教具。这一节课的 10 分钟，是他的。不要小看这样的“利用”学生，这有可能是他终生难忘的体验，也可能影响他性格心智的发育。初三最后一节课，学生自己设计，老师是个“配角”，中考前的嘱咐是优秀的学生承担，她切身的考试经验比老师说的更容易理解。教学流程的设计也是有针对性的，对于一个活跃的班级，适当采用有一点深度的讨论题目，限制浮躁，使他们学习先思考后说话；对于一个沉闷的班级，用浅显有趣的话题引导他们敢想敢说。其他测试练习都可以量身定做——因为教师对学生心中有数。

其次，家常课真实。我们平时上课不大说“学生配合老师”，可一到

“公开”就不成了，评课老师甚至会用赞赏的口气说：“学生配合得真好！”哪儿跟哪儿这是？谁是课堂的主人？谁需要谁来配合？经过多次公开课的学生，很知道老师要什么，“配合”这个词，一不留神就变成“迎合”，内行一看就明白。在家常课上，就不一样了，这不是个需要作秀的场合，更容不得作伪——大家说真话，出真错，抒真情，来得明明白白，上得舒舒服服。

此外，家常课亲切自然。有些公开课设计痕迹太重，开场一定“来头很大”，要么教师大肆煽情，要么声光电一起上，种种“风头”十分眩目。忘了做文章还有一种“法宝”叫做起得平。凤丫头的一句“一夜北风紧”是受方家赞赏的，他们评曰：“不但好，留了多少地步与后人。”家常课可以很坦然地“平起”，因为谁家吃家常饭也不用隆重致辞，只要饭菜味道好，中式压桌碟子外国开胃酒之类全免，上来就是对口味的好东西！

还有，家常课细水长流，不用过分折腾。教师可以天天做做不腻，学生天天吃不烦。学生对教师的爱戴，学生可喜的成长，学校一天天的发展，自然离不开各种类型的展示公开，但长久养育孩子们的还是一天天、一节节看似平凡的家常课。

做一手好的家常菜绝非易事，上好家常课也很需要下工夫。

需要有持久的热情，有相当的耐心，有平常材料翻出新花样的创新精神，有对自己家孩子口味需求的了解，有经营每一节课的习惯……

有甘于寂寞、耐得平凡的坚守态度。

当了一天评委

教师资格认定的面试说课部分，在一所老学校的小教室里分头进行。窗外，一座爬满青藤的旧楼，在若有若无的细雨中，让人看了通体生凉。窗下一棵木槿，白色花开得正盛。我们几个衣装整肃，胸前挂好“评委”牌，颇庄严，开始——

一天评 32 个。弄完之后，快傻了。

仔细想想，想不起一个面影，当时我可是极其认真地看着他们、倾听，每人 20 分钟。怎么想不起来呢？如果我是校长，我们学校语文老师不够，我想把谁“挖”来呢？眼前慢慢浮现一个西装男子——他慢悠悠进来的时候，我一惊。他 15 年教龄，在我们这里小有名气。怎么，天天见您开车，想不到您没有驾照？他的课是没有问题的。别的呢？摇摇头。因为特别疲倦，回家之后，我说：“看了一天歪瓜裂枣。”

忠厚一点，我很想跟要去参加各类面试的毕业学生、想要某个职业的或某种资格证书的人说：

勇敢微笑啊，孩子。一个上午下来，看不到一张微笑的脸，面孔板得如铁，说出的话，没有温度，带着莫名的金属气息。是因为紧张，有的小姑娘紧张得小脸都快结霜了，结结巴巴不知道说些什么。所以我说，勇敢笑一笑，融化一点冰雪，话语也许会溪流一样自然流淌。郑愁予的诗《雨说》里说：“我要教你们勇敢地笑啊……”读的时候，孩子们不理解，整天嘻嘻哈哈，笑太容易了。其实不是，一个微笑很难。

不穿 T－shirt，可以吗？我特别喜欢汗衫，穿上之后，自己在的地方一下子就变成了自己家的后院或菜园，挺惬意。可是那样子毕竟不是职业形象，而如果想要职业资格，还是以职业形象出现比较好。松松垮垮的大汗衫，紧绷绷的表情，也很不搭调。一个瘦瘦男孩子穿韩版超长 T－shirt，他的腿隐在讲桌下，感觉像是穿个袍子来的。女孩子穿紧紧的小衫，本来就瘦小，几乎要缩没了。也有丰腴的，圆脸圆领汗衫圆圆腰身，本来应该很喜人的，因为紧张，一路低头自言自语，还是不好。衬衫西裤，小套装，是不是可以考虑？

抹一点唇膏，小姑娘。我知道奔波求职的毕业生辛苦，而且他们很多来自贫穷的地方，城市在他们读过几年书之后，对他们依然很冷，到处是拒绝。他们很多营养都不够，置一套衣裳确实艰难。看到的应试者，虽不是蓬头垢面，但明显对自己修饰不够，女孩子，苍白甚至灰白的嘴唇，看了可怜——抹一点唇膏，也许好一点。不用太艳，稍微点亮一点自己。即使依然汗衫，也注意颜色。怎么那么热爱粉红呢？粉红和白紧紧包裹自己，鲜艳的拘谨，感觉比较怪。面试，本来就是形象工程，该多用心。朴素大方，也很难？

或许，也可以喜欢鲁迅的……

我们的主考宗达先生喜欢鲁迅。一批人说课课题是《风筝》，宗达就问："喜欢鲁迅吗？"

一个两个三个回答："说实话，不喜欢。"

"为什么不喜欢？"

"语言生涩。"——如果别的原因也罢了。

"我更喜欢张晓风……"

宗达问过几次，不再问了。

亮出你的额头、目光和主张。

夸张长夸张厚的刘海儿遮住额头和眼睛，看起来很闷。即使没有头发披散半张脸，也看不到眼神。主考温和的注视得不到一点回应，他们只看稿子——一小时准备很不容易，当然背不过，那么偶尔抬头睁开眼睛，没有目光也没有微笑的声音，是怎样的？

我会背了，那几课书的教学设计，因为第一个之后几乎都是复习，一遍一遍，大同小异。文字的源头很明显，教参。教参，真是本神奇的书。

只有经书才会这样无止境地被复制，念啊念——您自己怎么看？

不知道。——大部分看得到发展潜力的会通过，偶尔优秀的，大家惊喜。

学习儿子的老师

儿子很少在家里谈论老师，似乎这种职业的人在他的生活里若有若无，其实他大部分时间在学校，而学校绝大部分时间在上课，一科一科老师走马灯一样。

小学时候的班主任兼语文老师，十分敬业，老当益壮——壮得不行，有足够的精力管学生，学生服服帖帖是常态。中午她不回家，没有完成作业的孩子也留下，她在办公室里用小锅煮米饭，似乎没有菜。杂乱的——我见过的每一个老师的办公室几乎都杂乱——办公室里蒸腾乳白米香。这样的中午，孩子显得特别瘦小，找个角落低头补作业。忘了是在膝盖上写还是在小凳子上写，看见妈妈来了，也不敢打招呼，可怜巴巴。米香极其诱人。我的儿子有一回被留下，我有幸了解了年长的这位老师的艰辛，热爱教育，懂得奉献，不仅要给孩子“长记性”，也要“教育”家长。我们都是火急火燎地等孩子回家，孩子老也不回，找到学校才如获至宝般地看到孩子，下回无论如何也不要再“这样”了，一定颇为积极地“想辙”，以避免重复出现这样的中午。我的孩子胆儿小，在老师的跟前，差不多总是“瑟缩”着，尤其是忘了作业、丢了作业、没有做好作业的时候，眼睛里满是凄凉。我们家长找了去，看到那种情景，不怒不言，赔笑，谦卑地接受老师的“训诲”，有时候，她一边吃米饭一边教导我们一伙，苦口婆心，特别可敬。

记忆中那是个饥饿、漫长又屈辱的中午。

我知道，很多人会理解会赞赏会说什么什么。是啊，说吧。

孩子们跟着她在教室里读“虎里”或“虎哩”，全班齐读，大概是跟一种狡猾的动物狐狸有关的故事。儿子和儿子的同学大多普通话字正腔圆……

其实这倒没什么。

后来儿子偶尔会说起刚毕业的政治老师，一个“管不了”“控制不住”学生的女孩子，他说的时候有笑容。她在我儿子生日的时候对他说“生日快乐”，送给他易中天的书，还有QQ糖，很快那女孩子就不再教他们了，一闪而逝的温暖，我们全家永远的感激。

之外，说起过的老师很少，尤其从不主动说。

今天，他们的外教来了，来自意大利西西里的小伙子，叫埃米里奥。

儿子一路跟我不住地谈论这个第一天认识、只上了半天课的老师。

说他的学历：巴勒莫大学、博洛尼亚大学、剑桥大学三个学校的学位。说他是语言天才，会七种语言：母语意大利语，英语，日语，西班牙语，希腊语，法语，还有葡萄牙语。他在“七度空间”自由穿梭，跟我儿子以及同学们只说简单的意大利语和比较复杂一点的英语。我儿子口语好，英语可以聊天。

学他踏着小步舞曲一样走路的样子，儿子说：“带着身段呢，他!”

说他上课时候，对学生特别热情，赞美学生喜欢用最高级，相当于中文的“极”“绝”“至”，英语的“excellent”或者“perfect”，赞美的时候声音比较大，十分坚定。给人的感觉是我认定你是最好的。赞美十分普遍，对微小的一点努力也不放过。当半天他的学生就可以得到在其他老师的课堂上很久加起来还要多很多的表扬。他喜欢笑，活泼顽皮。儿子说：“他说他喜欢大家一起快乐地学习。”

他开玩笑，不知道怎么学会一句中国话——神经病，说起来怪腔怪调——甚警儿病儿。我儿子跟他讲曾经有过的美国老头老师，特别强调纪律，跟中国严厉的老教师区别不大，只要有人在他讲课的时候小声说话，他都会厉声斥责：“you——go out!”埃米里奥听完就怪声说：“甚警儿病儿。”这个可爱的家伙的“口头禅”是意大利语的“妈妈米奥”，说中国话就是“俺的亲娘哎”，遇到值得惊奇的就说“妈妈米奥”，外国人——欧美的人——欧洲人——意大利人——意大利南部人，认为值得惊奇的事情多而又多，于是就会不断地听到这位埃米里奥老师夸张表情的“妈妈米奥”。

学生们前仰后合。

儿子跟我学说这些，似乎又回到老师身边，笑得稀里哗啦。

他中午把我儿子还有另外两个英语交流障碍不大的学生带到自己家玩。儿子知道了他单身，不想再结婚。因为以前的女朋友车祸死了，这是不可治疗的伤。在济南有一个中国的准女朋友，简单的两居室，是单身汉的家。他喜欢这样的生活方式，在几十个国家漫游教书，生气了用“八格”什么的日本话骂——或许只是模拟生气，玩的。

女孩子给他打电话，他把话机给他的学生们，他们告诉他的准女友：“埃米里奥跟我们在一起呢，他特别可爱，我们喜欢他，支持他。”

他甜蜜地笑啊笑。

儿子问我：“你会第一天就带学生到自己家吗?”

我很少带学生到家里来，除非已经毕业。

儿子不断赞叹：“还是南欧人，还是南欧人，那叫热情。还是热情好。

跟埃米里奥在一起轻松啊——我一边写字，他还会过来说，其实他赞美人的话还不只是 excellent 或者 perfect，在这些词前边还要加上 very，very，very……”

儿子说起埃米里奥已经很像说朋友了。正在计划周末带他去哪里玩或者到我们家里来吃饭，我们欢迎朋友，尤其欢迎朋友一样的老师。

儿子问：“你想象一下埃米里奥长什么样儿?”

我说：“阿尔帕西诺?”

儿子说：“不像，不过特别精神。”

儿子不敢耽误，不能再说埃米里奥，要上楼读书了。因为明天上午八点半，就可以上他的课，又能看到小伙子了——其实他四十多岁了。亲爱的，埃米里奥……

那些听不见的声音

还是听课，坐在后排。一般，人们很容易忽略教师跟学生之间的物理距离，其实将近七十人的最后一排，距离教师挺远的。我坐在那里，要刻意提醒自己留神，不然容易“溜号”，有些段落甚至觉得老师有点“缥缈”。

为了活跃气氛，打通陌生教师和学生之间的隔膜，教师聪明地选择了跟上课内容有关系的词语来玩游戏，孩子们很快就活泼起来了——参与活动的孩子们活泼起来。

一竖排八到十个同学，有些活动总会在既定时间既定环节既定段落终止，外交辞令说：“由于时间关系……”最后一排的、眼睛特别明亮的高个儿男孩女孩垂下手。

最后一排的学生，是怎样放下手的？

不是收回举起的手，不是缩回要举的手，不是自然放下——是任其萎落，胳膊和手没有力气、骨骼肌肉不再控制方向那样歪下来。眼睛、整个脸，暗淡了一些。我打这些字的时候，模仿那种“放手”的姿态，体会灰心的感觉，那感觉很不好。

我看到过不少的后排孩子这样的“萎落”，每一次都感觉不是滋味。

当需要学生回答问题配合自己的时候，我们很容易选择最近的、最好的、最快的，忽略别样，这几乎是常态。因此，我们需要提醒自己注意遥远的地方。尽量走近一些，看看那几个孩子的脸上有没有神采。他们的手也会自信地举起吗？他们的手自然地放下吗？他们还在期待下一次机会吗？

适当提醒会有一些用处。我们许多老师的困境是“大班化”“超大班化”，关注变得十分困难，只有不断提醒自己走近一点——会有辅助作用，会听到以往听不见的声音。

那一天，我听到：

“没有我的事了”——那个男孩子数数自己前边的人数，明白老师要做的事距离自己的时间，于是他在活动没有结束的时候，自己提前结束了。

他轻轻叹息着说：“没有我的事儿……”

这些声音，一般情况下听不到。

另一天在办公室，我的一位小同事询问高大男孩子读书笔记的完成情况。比较差，写不完，怎么回事呢？

气氛宽松，孩子冰冻的一些东西化了点。他说：“你们考虑过我们的感受吗？数学一张卷子，题目有多难？物理还有难题，英语要背这个那个……读书笔记……”

他声音大起来：“我看应试教育越来越变态。

我知道这不是坏的也不是好的，是要接受的。我知道为我好，必须适应，不然……”

很多劝解的话，老师生生憋了回去。

这些声音，我们也不是总听到。我们习惯了分配任务、要求完成。不去想情境，具体的每一个写作业的夜晚，到几点？为什么要那么晚？他写的时候是怎样的状态？在他机械地写啊写啊的时候，有什么流失了？有什么扭曲了？有什么背离了？

我们到底要什么？

追问，也许是认真的、善良的姿态。

不计成本的年月，是否早就结束了？

是否应该算一算得和失？在纷杂的种种声音里是否要听：

“下课铃，几乎是一种拯救。”

“下课铃，结束了一场噩梦。”

是很夸张，甚至不合情理。可是他们写了，就在纸上，这至少表达了一种情绪，至少我们知道一些负有教育孩子责任的人，在做一些那样的事情……

走近，听一听。他们还小，还会说出来呢。

老师，多往这边看看

今天，很平常的课。学生老师比较熟悉了，讨论交流自然顺畅。因为我讲话声音偏小，也因为我喜欢“混在”学生中间的感觉，所以我常常走下讲台，在课桌间走来走去。这样学生可以听得清楚一些，可是偶尔会出新问题：在一边溜达的时间过长，另一边的角落里的孩子成为新的“盲点”，尤其大家纷纷举手的时候，角落里的手有时候看不见，或者看见了也不很重视。

我们在听别的老师上课的时候常为那些老师看不见的手着急，他们很想说话很想表达自己的想法，可是怎么就不给机会呢？

有一次在平阴听课，礼堂的台上空间不够，有二十个左右的学生坐在台下第一排，跟我们听课老师一样要仰望台上，实际距离不很遥远，心理距离呢？只有孩子们自己知道。有扬声设备，老师的提问同学的讨论听得十分清楚，要参与可难了，他们的手高高地举起，无奈地落下，一次又一次。

一堂课，又一堂。

后来我的注意力大多放在这一排的“可怜”孩子身上，我盼望有老师注意到他们，有管事的来管管这事——可是没有。我听到有的孩子叹气，有的孩子刚一举起手就无力地垂下。因为在第一排，他们不敢明显表达不满，依然规规矩矩地坐着。

只是坐着。

上完课，我“勇敢”上去评课。我说，请关注下边那一排孩子。我说，人文关怀，不是说说罢了的事。还有，苏霍姆林斯基说：“爱要在行动中。”

我的课堂也会出现“盲区”，比如今天我不知道怎么回事，老在一边溜

达。这种“盲区”的可怕之处在于，我们自己看不到，我们完全不知道我们看不到的角落发生了什么。

那我怎么知道今天上课的毛病呢？因为他们会告诉我。

下课时，角落的男孩儿跑上来说：“老师，多往我这边看看，我举了五六次手……”

我惭愧，也欣慰，他们会直接告诉我。

包括：

“我的作业得甲减为什么我还受表扬?”

“老师，声音大一点！”

“……”

我们照顾不到，确实人太多了。但至少我们应该给孩子陈述自己状态和愿望的途径，不让他们太委屈。

这个男孩叫王政强，学习态度端正，善于思考，积极参与课堂讨论，常有独特见解。

我早就想写他了。他第一次进我们办公室，是开学第一天，我们正在换办公室呢，屋子里乱糟糟的，地上一大堆垃圾。他说完自己的事，发觉现在的老师办公室是个需要帮忙的地方，他指着地上的废纸破烂说：“这个要弄走吗?”

接着就开始干活。

他个子不大，干劲十足。他把责任主动担起来，这个可敬的孩子。

爸，老师不认识我

是 2003 级二年级时的事儿，我一直记着。

我接班教 2003 级三班四班的语文课，学生上课思维活跃，作业写得整整齐齐，我胜任愉快，期中考试后，很有把握地参加家长会。班主任薛老师很有“招数”，开别开生面的小型家长学生会，孩子跟爸爸妈妈坐同位，老师巡回谈话。

我一桌一桌走过，就要走到临近窗户的一对父子了。

我听见男孩子小声说：“爸，老师不认识我。”

他声音不大，可我听得清清楚楚，记得很牢。因为，我真的叫不出他的名字——我一时心里发虚，挺着肩背走过去，我觉得无法面对一个我不认识的孩子。基于我一贯的做人原则，我坦诚承认我还不知道孩子的名字，并且说，两个月的课上下来，还不认识学生，是不好的。我一直提醒自己注意那些容易被忽略的角落，注意中等生，注意无言的一小群——但做得很不够。特别优秀的，记住了；特别淘气的，忘不掉；特别喜欢“贴”老师的，很熟悉。而那些不好不坏不声不响似乎不痛也不痒的孩子，是教室里沉默的人群，老师最不了解的就是他们了。

他们有优秀的潜质，等待开发；他们有丰富的内心世界，只是常常紧闭心扉；他们的快乐不显山露水；他们的烦恼也不为人知。他们在课堂上容易疲倦，因为他们总是别人精彩表演的“看客”，甚至觉得课堂活动与己无关……

他们是教师的视觉盲区，就像一个刚刚上小学的小女孩儿，因为不很被关注，回家对妈妈说：“老师看不见我。”这是叫人心疼的童言，它提醒教师，应该看得见更多的孩子，所有的孩子。

应该认识他们，每一个。

后来我当然认识了这个男孩，认识了所有的孩子，不管他是怎样的性格，也不管他是否优秀。王阳，就是那个说我不认识他的孩子，也许早就忘掉了这样一件小事，忘记了自己说过的话，可我记得。这句话，像一道冷光，刺痛我，也点亮我。

毕业时，王阳对我说："赵老师，你最了解我。"

我笑了。我说："谢谢你，王阳。"（今天，王阳拿到大学通知书，要去做警官了）

很多孩子回来了，也有一些没有来。我在人群里寻找微笑的王阳，寻找同样常常笑着的杜鹏，寻找……他们的学业成绩不是特别棒，他们有自尊心，他们不回来，是因为没有放假，还是因为不好意思？

我想念，那些说话不多但一样纯良一样聪慧的孩子。

谁记得“及格”什么意思

可爱的初一学生经历第一次月考。

A 递给我一张纸条，几行字，大意是两门知道分数的科目，一科 87.5，一科 90 多分，惨遭失败，希望老师帮助。我感谢孩子对我的信任，理解这样的分数在现今背景下可能的心情。也知道会出现的状况，怎么看也不“悲惨”的分数，带来货真价实的悲伤。

我问 B：“数学考得好吗？”

B 说：“不好，刚 96 分。”

我有点大惊小怪地说：“100 分满分，挺好的了。”

他说：“好什么，班里 30 多名了。”

他自己把名次都排好了。

沮丧的表情，电话里忧心忡忡的声音：“她才考了 85 分，怎么办啊，老师您说。我们在家里要不要再督促她多做点练习题？”——焦急极了的话音里已经有哭腔了。

看到这些，听到这些，我应该欣慰吗？

我难过。

除了站在最高处的一个两个三个，其他人都是灰头土脸的失败者，连银牌都不认啊，铜牌已经不值一提，那之后的就直接“蒸发”算了。

老师说：“不错，有潜力。”

他理解成：“考砸了，没有本领发挥好。”

老师说：“你在进步。”

她理解为：“您说我一直很差？”

回家跟家里人念叨这些，家里人说："你怎么能怪孩子？"

我一点不怪孩子。我想问问谁：要孩子怎么样，那些能够影响他们价值判断的人才满意？怎么努力才做到让孩子们小小年纪就在分数的小树上吊着，越来越孱弱，越来越不懂得还有丰富的世界呼唤你，探险、欣赏、游历等你去发现什么，越来越不知道，人有无限的可能性，人可以热爱所学，不仅仅为了考试。

孩子到办公室问分数，95。

转身走了。老师纳闷：怎么不看看哪儿错了呢？

他只想知道分数。

我印象深刻的一课——说说你的山，你的海。

是学习《在山的那边》这首诗的一个说话练习。我渴望听到的和我听到的反差很大，其中"山"是成长路上的困难障碍之类，"海"指的是梦想。

孩子们愿意说，大大方方：

"我的'海'：钢琴十级，中考加分。我的'山'：懒惰，不爱练。"

"我的'海'：重点高中。我的'山'：一次一次考试。"

"我的'海'：重点高中。我的'山'：没有恒心。"

……

再远的是大学，最远的是工作，好的工作。

我现在还珍藏着一些孩子的"梦想"呢：送爱漂亮的妈妈一个首饰屋，一间时装店；跟朋友一起开个冰淇淋屋，自己设计最有趣的冰淇淋，连草图都画好了；做香水专家；在青山绿水间开一片田，种庄稼种花种树；研究克隆技术，克隆无数条干净的河流；走遍世界。做世界上最好看的草帽……

他们说这些时候，眼睛是亮的，亮闪闪的美极了。

不是要做"九斤老太"，是迷惑，怎么差别这么大？才12岁，到底怎么了？谁剥夺了梦想？还有比剥夺一个孩子的梦想更残酷的吗，在活着的前提下？

没有梦想，不爱什么，只记得"分数"，一群这样的孩子，孩子背后是面孔一样的父母，我一次次感慨：浅浅的眼睛，空洞的眼睛。

如果考了70分，60分，那是灾难，不用说。

"及格"是什么意思？有人记得么？

每堂课都是唯一的一堂

人总会明白这个：人生只有一次。饱满的干瘪的美妙的庸常的甜美的苦涩的五味杂陈的一个一个瞬间构成每个人生命的“这段时光”，每一次相遇都是唯一的一次，今天的晚餐今晚的月光也是今晚唯一的一次。

一去不复返，是时间的特质，是常识。

唯一的童年，唯一的 13 岁，唯一的这个星期五，唯一的早晨。

做老师明白这一点似乎更要紧一些。手边的一本作业是一份微不足道的活儿，是秋天落叶般纷纷来到的多少分之一，而那是独特的小手写的，是他的这一次唯一的表达——珍重。

那孩子的试卷很糟糕，只有三十几分。不理它，恨恨地怒视它都可以理解。还原那个艰难的“笨孩子”答卷的场景，在其他聪明的同伴身边拙笨落笔，歪歪斜斜地“画出”自己认为正确的答案，每一笔都格外用力，更深的印痕，沉重的涩果。保持内心柔软的人，心会疼？面对它，多一点宽容多一点等待，明天走近她，帮她。

请珍重对她。

她也仅有唯一的一次少年时光，让她过得好些。请不要用轻慢的语气谈论孩子的笨拙——在盛行技巧花样的“外面世界”里，我们当老师的有几个不是一样的笨、无可救药的“天真”？几乎永远学不会保护自己，在聪明人那里，我们不是就像那个傻孩子一样“触目惊心”的“傻”吗？那么请珍重地看待自己，看待一起在做笨拙努力的同伴。

好好的，珍惜每一次相遇。

今天天晴地朗，静好，晴暖。这样的冬日，我感觉充实健康，希望对每

一个人都更好一些，再好一些，即使有人一脸严霜走过来，我也愿意微笑。即使知道命运的严霜说不定什么时候落下来，覆盖我的道路，我也愿意微笑。没有什么需要挺住，也跟孩子们说里尔克的话：“有时候，挺住意味着一切。如果你暂时挺不住，来我这里歇歇，停靠一会儿也好。”

孩子，意味着长久的未来，多种可能性——冬天，可不是砍伐树木的季节，谁知道来年哪一棵“华枝春满”，谁知道阴霾过去的夜晚就一定不会“天晴月圆”？

暖暖地，珍重地，为此刻，为可以期许的明天。

想到课堂，美好冬日，孩子们小雀儿一样涌出教室——我心里也容易被愧疚占满。每一堂课都是唯一的一堂，不能复制。消失了就是没了。这一节课：

我用心准备了吗？

我全身心投入了吗？

我是否表达了关怀、爱和期许？

我关注到他们每一个人了吗？

我忽略了谁？

我敷衍了没有？

我对孩子们是否有积极的影响？

我怎样帮助了他们？他们因为我的课堂更聪明、更有本领、更健康、更明媚、更优雅吗？

他们真的上过这课，从此不同？

…………

这样追问自己，无法不愧疚。

明天的课堂，这样要求自己。在逐渐抵达的途中，获得安宁。

当想到唯一一次的时候，觉得实在应当谨慎，不荒废不懈怠，让正确的元素充实课堂，鼓励自己和孩子们一起做美好课堂的积极建设者。丢掉莫名的虚傲，老老实实做好课堂上的事情。任何轻率、自以为是都是不应该的，涤除它们吧。

当想到唯一一次的时候，甚至有一点“神圣”的感觉。老师没有权利浪费孩子们和自己的宝贵时间，不是瞬间，是一段又一段——足够长的段落。

卡夫卡说：“人类两宗罪，其一是缺乏耐心，其二是漫不经心。”

因此人类被逐出伊甸园，因此再也无法返回。如果，如果做老师的这样，那么即使每天都去上课，其实已经被逐出了，很难返回。

亲爱的泰戈尔给你温柔提醒：

“岁月在你的手中时间是无穷的，我的主啊，没有人能计算出你的分秒。

昼尽夜临，夜去昼来，时间犹如花开花落。你知道如何等待。

你的世纪一个接着一个，为的是完成一朵小小的野花。

我们没有时光可以蹉跎，因为没有时间，我们必须争取机会。因为太贫穷了，我们不能再丧失机会。

当我们将时间分配给每个求之心切的人们，时间正从我们身旁擦肩而过，最终空着你的祭坛，没有任何供物。

一天又将逝去，我匆匆赶来，唯恐你已把门关上，但我发现仍有时间。”

看看你右手的小指

我们是年级组老师一起在一间大房子里做活的。冷眼看我们的工作间或者叫“作业批改车间”的时候，会震惊：这么多人，这么多东西，怎么可以？

不但可以，而且年年岁岁。

我对面的老姜，工作十分投入，而且以严格著称，作业收得最齐整，中等厚度的练习册一本不少，两个班的各70本摞起来，如摩天大楼模型，作业“双子星”。好玩的她还在上边插一面小国旗。外语林老师，桌子上一样的作业书本，不同的是一个巨大花瓶，插满白的大百合，是假的。应该放在一个中等厅堂里的摆设，挤在方寸间，看起来像寄存，寄存就有点窘迫。

我们就是这样“寄存”在这间大屋子里的。

我跟萍萍，在邮票大的地方，摆些小花小草，我在山间采把野菊，送给她。萍萍的作业本一本本纹丝不乱，各种文档眉目清爽。有时候我想，假如她有自己一间独立使用的小房子，哪怕很小很简陋，她也会收拾得明丽可人……

忙着日夜批改试卷的数学老师，嘿——仙人掌已经干了，不知道什么时候才发现。

萍萍的吊兰，开了素白小花。这小花跟林老师的口哨很像，林老师偶尔会吹《绿袖子》，会吹《蓝莲花》，不管怎么忙得四脚朝天，在学生挤满屋子的考试看分季节，在人声混杂的课间，在家长会，在开放日，在有人催交种种文案的时候，口哨声幽幽响起。

我停下在学生本子上划来划去的笔，听一会。

偶尔也会闲谈。说说新课标理念下教育出来的这一届孩子，说说他们一边喜欢闹嚷嚷的课堂，善于乐于表现自己，一边又是在应试教育深入骨髓的家庭里长大。有谁没有上过“奥数”？没有。谁没有从小就进英语班？没有。

一个小孩说我：“老师真开明啊。”

听着一点不像赞美。“开明”好像是“天真”“耽于梦想不醒”的意思。一个家长说：“我跟他爸爸说，你去听听他语文老师怎么讲的吧，跟你一样爱说爱孩子的……”但是她自己很反对“孩子他爸”那一套。

昨天听到我们班天宇的爸爸说：“我对天宇很满意，他各方面都挺好，不用太操心。”说着眼睛明亮地欣喜地看着天宇。那一刻，我感动。因为太少了，信任孩子、赞美孩子，他的眼睛居然那么纯净明亮。父亲的喜悦很美。

焦虑写满早生皱纹的脸上，对老师表扬自己孩子的话很怀疑，家长多是这样。

我们的大屋子一般是各忙各的，精批细改每一份作业，什么概念？低头干活吧您呐。

这一天，温和的数学小伙子汤用不高的声音说：“看看你们右手的小指头。”

他接着说：“跟左手比比。”

我们下意识地跟着做了。

啊，真的不一样。右手的小指头，指甲明显薄，外缘秃很多。

一个说：“我的偏了，你看。”

一个说：“我的劈了。”

一个说：“涂好的指甲油已经没了，靠边的地方。”

我们明白，因为右手一直在作业本子上滑行，就这样一点点不知不觉地磨损了。还有右手中指的茧子，还有过一段时间收拾扔掉的一束空的红色圆珠笔芯。我经常夸张地说：“我们的生命啊……就这样……”

一个职业总有它的特点，咱就是干这个的，一点不抱怨。因为这个，我们换来衣裳、食品、书籍，吃得饱饱的，还可以在暑假把手脚指甲涂成蓝色，很好了。

写下来，觉得这个细节很有趣。

看看你的右手小指头，可跟我们的一样？

不教书之后

有一天不再教书，做什么呢？

1. 学习种菜。林间、围墙根儿、草坪没有铺到的边边角角，都是“闲地”，热爱侍弄瓜菜的人们捡来，种上茄子黄瓜，花生红薯，黑铁铁艺栏杆上爬满扁豆，月光下浅紫的、月白的扁豆花一穗穗举起来，骄傲的样子。夏末摘扁豆的阿姨，摘溜溜一篮子，都拎不动了。我有时候到树林里看树下的菜畦，有许多惊喜：芫荽的花细巧精致，茼蒿的花金灿灿，茄子黄瓜丝瓜南瓜的花都好看极了，葫芦花雪白。还会遇到耐心平整土地、用大壶拎水灌园的老者，我跟人家“套磁”，说说话。老人一高兴就送我小香葱，送我鲜黄瓜（自己摘，活的），还说：“那一片花生地瓜都是我种的，你随便来挖……”

有花看，有菜吃，好事。就学种菜啦。

或许种草药，那些迷人的中药名字，远志，独活，七叶一枝花，杜仲，附子，木防已……

牵牛花的种子叫黑丑白丑。哦，曾经是美丽的“朝颜”，凄伤清秀的“夕颜”，怎么就“丑”成这样？

2. 手织粗布店。

我奶奶名字叫织云。我没有看到过她织布，看到过她纺棉花，端坐，右手缓慢摇动纺车夸张的大轮子，左手徐徐“给”棉条，从棉花开始，可以做出花格子布，蓝布。小时候一件娇艳的桃红线衣，最早是地里的绿苗，后来是紫色花，后来是半青半紫桃子，后来是一团一团暖洋洋的棉花。弹花，纺花，合股染色，编织，才有了合身的小线衣。

绛红、杏色、灰蓝的棉线织成大小宽窄不一的格子，粗糙，什么时候摸摸都不会有冷冰冰的拒绝感，家常温暖。

3. 银子店。

喜欢银子。从来没有过黄金钻石，只有银子的东西。

4. 杂货铺。

就在孩子们放学经过的街角，门面小，里边也不亮堂。大玻璃瓶子一定雪亮，画片挂了满墙，都是干净的，好的。锅里的鱼丸牛肉丸热腾腾，冰淇淋很小，味道多样，巧克力豆也有麻辣的。

有一片地方故意弄得乱七八糟，你要的东西要找来找去才找到。

从花盆里摘一朵雏菊，送给那个总是看着花花绿绿东西出神、走路不太利落的小姑娘。要她做的剪纸，换给她蓝色蝴蝶结。记着她生日，那天送她最想要的一条长裙子。

胖胖的，时常微笑着，守着这个小铺。

5. 去看望从来没有见过的或只见过几次的朋友。

南方，一扇门，一个街角。

也或许是北方，溪流那里，树林茂密的地方，鸟叫如雨的地方，去看，看见我会欢喜的人。看完他们，觉得谁最好，就很长时间住下来不走。

很长时间之后，回家，回到更老的朋友身边。

6. 成为另一个人。

没有名声，按说应该有自己的生活，可是依然没有，回首空空。白茫茫的一小片地方，还好还干净。依然想成为另一个人。

后　　记

我迷恋细节，看喜欢的书总是狼吞虎咽，来不及记笔记就折书页，准备以后再记，这个“以后”就渺茫了。整理完这些文字，我随手拿起桌上一本旧书，因为折角很多书都变厚了。我曾经在哪些地方停留？

捷克诗人雅罗斯拉夫·塞弗尔特写他看到的：“一个小女孩在高高的草丛中奔跑，辫子甩在肩头，眸子晶亮晶亮。”他着意说：“那是唯独孩子才有的明眸。”

在教书的每一天，我珍惜我体会到的唯有孩子才有的纯洁、质朴和智慧。

他还写道：“她从我们身边匆匆跑过的时候，我们清楚地看到她的小脚丫无意间揪下一朵野花，它留在小女孩的脚趾缝里了，恰似古代美貌的公主在大脚趾上戴了一块宝石。”

塞弗尔特称她是“小诗人”。

我也喜欢做这样一个发现、欣赏“小诗人”的人，因为陪伴，时常看见他们指间的花朵，我因此幸福。他们给我自由感觉，那些没有被捆绑的、捆绑不住的真美。

喜欢阿赫玛托娃的一句诗：“野蜜有自由的香气。”

我对自由的理解很家常：随意放松，自然舒适，就像山野的孩子在山野，花草野果子野蜂蝴蝶在山野。我希望我的文字这样，在孩子们之间，有孩子们的气息，在林木花园，有植物的宁静、善良。

忘了谁说的：“世界上所有的作家都在写同一本书，都在表达同一个心愿。”

也有朋友说：“你一直在写同一篇文章。”

是的，反复说的就是这样的心愿：知道更多些，爱得更好一点。借“最后的”纸页再说：

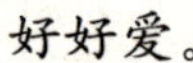

好好爱。

把零碎文字收集起来，成为一本书，以纪念逝去的时光，以留住瞬间，以感谢：

鼓励我更用心，原谅我拖沓懒散，温和指引我的，文质先生。

感谢跟我在一起的孩子们。

西南师范大学出版社
《名师工程》系列丛书目录

系列	序号	书名	主编	定价
思想者系列	1	《回归教育的本色》	马恩来	30.00
	2	《守护教育的本真》	陈道龙	30.00
	3	《教育，倾听心灵的声音》	李荣灿	30.00
	4	《心根课堂——让教育随学生心灵起舞》	刘云生	30.00
	5	《做一个纯粹的教师》	许丽芬	26.00
	6	《率性教书》	夏　昆	26.00
	7	《为爱教书》	马一舜	26.00
	8	《课堂，诗意还在》	赵赵（赵克芳）	26.00
	9	《今日教育之民间立场》	子虚（扈永进）	30.00
	10	《教育，细节的深度反思》	许传利	30.00
	11	《追寻教育的真谛——许锡良教育思考录》	许锡良	30.00
	12	《做爱思考的教师》	杨守菊	30.00
教育探索者·鲁派名校系列	13	《博弈中的追求——一位中学校长的“零”作业抉择》	李志欣	30.00
	14	《大教育视野下的特色课程构建——海洋教育的开发实施》	白刚勋	30.00
教育探索者·鲁派名师系列	15	《追问历史教学之“道”》	钟红军	30.00
	16	《灵动英语课——高效外语教学氛围创设艺术》	邵淑红	30.00
	17	《校园，幸福教育的栖居》	武际金	30.00
	18	《复调语文——尊重生命自我成长的语文教学》	孙云霄	30.00
	19	《智趣数学课——在情感深处激发学生的数学智能》	王冬梅	30.00
	20	《高品位“悦读”——让情感与心灵更愉悦的阅读教学》	马彩清	30.00
	21	《品诵教学——感悟母语神韵的阅读教学》	侯忠彦	30.00
	22	《智趣化学课——在快乐中提升学生的科学素养》	张利平	30.00
名校长核心思想系列	23	《智圆行方——智慧校长的50项管理策略》	胡美山　李绵军	30.0
	24	《做一个智慧的校长》	孙世杰	30.00
	25	《成为有思想的校长》	赵艳然	30.00
名校系列	26	《人本与生本：管理与德育的双重根基》	广州市广外附设外语学校	30.00
	27	《生本与生成：高效教学的两轮驱动》	广州市广外附设外语学校	30.00
	28	《世界视野与现代意识：校本课程开发的二元思维》	广州市广外附设外语学校	30.00
	29	《让每个生命都精彩——生命教育校本实践策略》	王鹏飞	30.00
	30	《好学校，从关注每个学生开始 ——石梅小学优质教育多元感悟》	顾　泳　张文质	30.00
高效课堂系列	31	《让作文教学更高效——王学东写作教学手记》	王学东	30.00
	32	《用什么提高课堂效率——有效数学课必须关注的10大要素》	赵红婷	30.00
	33	《让作文更轻松——小学作文高效教学36锦囊》	李素环	30.00
	34	《让研究性学习更高效——研究性学习施教指导策略》	欧阳仁宣	30.00
	35	《让母语融入学生心灵——提升学生语文素养的高效施教艺术》	黄桂林	30.00

系列	序号	书　　名	主编	定价
创新班主任系列	36	《班主任专业化成长策略》	杨连山	30.00
	37	《班级活动创新与问题应对》	杨连山　杨　照　张国良	30.00
	38	《班集体建设与创新人才培养》	李国汉	30.00
	39	《神奇的教育场——打造特色班级文化创新艺术》	李德善	30.00
教研提升系列	40	《校本教研的7个关键点》	孙瑞欣	30.00
	41	《教师怎样做小课题研究——高效助力教师专业化成长》	徐世贵　刘恒贺	30.00
	42	《今天我们应怎样评课》	张文质　陈海滨	30.00
	43	《今天我们应怎样进行教学反思》	张文质　刘永席	30.00
	44	《一节好课需要的教育智慧》	张文质　姚春杰	30.00
优化教学系列	45	《高效教学组织的优化策略》	赵雪霞	30.00
	46	《高效教学方法的优化策略》	任　辉	30.00
	47	《高效教学过程的优化策略》	韩　锋	30.00
	48	《让教学更生动——激发兴趣让学生快乐认知》	朱良才	30.00
	49	《让教学更高效——策略创新让教学事半功倍》	孙朝仁	30.00
	50	《让教学更开放——拓展延伸让学生触类旁通》	焦祖卿　吕　勤	30.00
	51	《让教学更生活——体验运用让学生内化知识》	强光峰	30.00
	52	《让知识更系统——整合与概括让学生建构体系》	杨向谊	30.00
	53	《让思维更创新——思辨与发散让学生思维活跃》	朱良才	30.00
创新语文教学系列	54	《曹洪彪新概念快速作文》	曹洪彪	30.00
	55	《小学语文：享受对话教学》	孙建锋	30.00
	56	《小学语文：名师教学目标落实艺术》	刘海涛　王林发	30.00
	57	《小学语文：名师魅力教学设计艺术》	刘海涛　王林发	30.00
	58	《小学语文：名师魅力课堂激趣艺术》	刘海涛　豆海湛	30.00
	59	《小学语文：单元整体教学构建艺术》	李怀源	30.00
	60	《小学作文：名师情趣课堂创设艺术》	张化万	30.00
教师成长系列	61	《做会研究的教师》	姚小明	30.00
	62	《学学名师那些事》	孙志毅	30.00
	63	《给新教师的建议》	李镇西	30.00
	64	《教师心灵读本：成为有思想的教师》	肖　川	30.00
	65	《教师心灵读本：教师，做反思的实践者》	肖　川	30.00
创新课堂系列	66	《个性化课堂教学艺术：小学语文》	商德远	30.00
	67	《如何实现三维目标——让学生与文本共鸣的诵读教学》	张连元	30.00
	68	《想说　会说　有话可说——突破作文瓶颈的三维教学法》	杨和平	30.00
	69	《综合课的整合创新教学》	周辉兵	30.00
	70	《如何打造学生喜欢的音乐课堂》	张　娟	30.00
	71	《理想课堂的构建与实施——一个教研员眼中的理想课堂》	张玉彬	30.00
	72	《小学语文：决定教学质量的关键策略》	李　楠	30.00
	73	《用〈论语〉思想提升数学教育智慧》	胡爱民	30.00
	74	《童化作文——浸润儿童心灵的作文教学》	吴　勇	30.00
幼师提升系列	75	《全国优秀幼儿健康教育活动课例评析》	教育部教育管理信息中心	30.00
	76	《全国优秀幼儿艺术教育活动课例评析》	教育部教育管理信息中心	30.00
	77	《全国优秀幼儿社会教育活动课例评析》	教育部教育管理信息中心	30.00
	78	《全国优秀幼儿语言教育活动课例评析》	教育部教育管理信息中心	30.00
	79	《全国优秀幼儿科学教育活动课例评析》	教育部教育管理信息中心	30.00
名师名课系列	80	《名师如何炼就名课》（美术卷）	李力加	35.00

系列	序号	书　　名	主编	定价
教师修炼系列	81	《班主任工作行为八项修炼》	杨连山	30.00
	82	《教师心理健康六项修炼》	李慧生	30.00
	83	《教师专业化五项修炼》	杨连山　田福安	30.00
	84	《课堂教学素养五项修炼》	刘金生　霍克林	30.00
	85	《高效教学技能十项修炼》	欧阳芬　诸葛彪	30.00
	86	《教师新师德六项修炼》	王毓珣　王　颖	30.00
创新数学教学系列	87	《小学数学：名师教学目标落实艺术》	余文森	30.00
	88	《小学数学：名师高效教学设计艺术》	余文森	30.00
	89	《小学数学：名师易错问题针对教学》	余文森	30.00
	90	《小学数学：名师魅力课堂激趣艺术》	余文森	30.00
	91	《小学数学：名师同课异教》	林高明　陈燕香	30.00
	92	《小学数学：名师抽象问题艺术教学》	余文森	30.00
教育心理系列	93	《做最好的心理导师——中学生心理健康咨询手册》	杨　东	30.00
	94	《每天学点教育心理学》	石国兴　白晋荣	30.00
	95	《学生心理拓展训练与指导》	徐岳敏	30.00
	96	《好心态成就好学生——学生心理问题剖析与对症教育》	李韦遴	30.00
教育通识系列	97	《用心做教师——青年教师快速成长的十大定律》	王福强	30.00
	98	《做最受学生欢迎的老师》	赵馨　许俊仪	30.00
	99	《做有策略的校长——经典寓言与学校管理智慧》	宋运来	30.00
	100	《做有策略的教师——经典故事中的教育启示》	孙志毅	30.00
	101	《从学生那里学教书》	严育洪	30.00
	102	《突破平庸——提升教育质量的31个跳板》	严育洪	30.00
	103	《教育，诗意地栖居》	朱华忠	30.00
	104	《好班规打造好班级》	赵　凯	30.00
	105	《做学生成长的引领者——学生终身成长的素质培养》	田祥珍	30.00
	106	《如何管出好班级——突破班级管理的四大瓶颈》	刘令军	30.00
	107	《青春期性教育教师实用手册》	闵乐夫	30.00
教育细节系列	108	《名师最具渲染力的口才细节》	高万祥	30.00
	109	《名师最有效的沟通细节》	李　燕　徐　波	30.00
	110	《名师最有效的激励细节》	张　利　李　波	30.00
	111	《名师培养学生好习惯的高效细节》	李文娟　郭香萍	30.00
	112	《名师人格教育的经典细节》	齐　欣	30.00
	113	《名师营造课堂氛围的经典细节》	高　帆　李秀华	30.00
	114	《名师最有效的赏识教育细节》	李慧军	30.00
	115	《名师最有效的批评细节》	沈　旎	30.00
教育管理力系列	116	《名校激励管理促进力》	周　兵	30.00
	117	《名校安全管理执行力》	袁先潋	30.00
	118	《名校师资团队建设力》	赵圣华	30.00
	119	《名校危机管理应对力》	李明汉	30.00
	120	《名校校本研究创新力》	李春华	30.00
	121	《学校文化力建设策略》	袁先潋	30.00
	122	《名校长核心教育力》	陶继新	30.00
	123	《名校长高绩效领导力》	周辉兵	30.00
	124	《名校行政管理细节力》	杨少春	30.00
	125	《名校教学管理提升力》	张　韬　戴诗银	30.00
	126	《名校学生管理教导力》	田福安	30.00
	127	《名校校园文化构建力》	岳春峰	30.00

系列	序号	书　　名	主编	定价
大师讲坛系列	128	《大师谈教育心理》	肖　川	30.00
	129	《大师谈教育激励》	肖　川	30.00
	130	《大师谈教育沟通》	王斌兴　吴杰明	30.00
	131	《大师谈启蒙教育》	周　宏	30.00
	132	《大师谈教育管理》	樊　雁	30.00
	133	《大师谈儿童人格塑造》	齐　欣	30.00
	134	《大师谈儿童习惯培养》	唐西胜	30.00
	135	《大师谈儿童能力培养》	张启福	30.00
	136	《大师谈早恋与性教育》	闵乐夫	30.00
	137	《大师谈儿童情感教育》	张光林　张　静	30.00
高中新课程系列	138	《高中新课程：教师角色转变细节》	缪水娟	30.00
	139	《高中新课程：班主任新兵法细节》	李国汉　杨连山	30.00
	140	《高中新课程：教学管理创新细节》	陈　文	30.00
	141	《高中新课程：更有效的评价细节》	李淑华	30.00
教学新突破系列	142	《把教学目标落实到位——名师优质课堂的效率管理》	冯增俊	30.00
	143	《拿什么调动学生——名师生态课堂的情绪管理》	胡　涛	30.00
	144	《零距离施教——名师和谐师生关系的构建艺术》	贺　斌	30.00
	145	《一个都不能落——名师提升学困生的针对教学》	侯一波	30.00
	146	《让学习变得更轻松——名师最能吸引学生的情境设计》	施建平	30.00
	147	《让知识变得更易学——名师改造难学知识的优化艺术》	周维强	30.00
教学提升系列	148	《方法总比问题多——名师转变棘手学生的施教艺术》	杨志军	30.00
	149	《用特色吸引学生——名师最受欢迎的特色教学艺术》	卞金祥	30.00
	150	《让学生爱上课堂——名师高效课堂的引导艺术》	邓　涛	30.00
	151	《拿什么打开思路——名师最吸引学生的课堂切入点》	马友文	30.00
	152	《没有记不牢的知识——名师最能提升学生记忆效果的秘诀》	谢定兰	30.00
	153	《让学生的思维活起来——名师最激发潜能的课堂提问艺术》	严永金	30.00
名师讲述系列	154	《施教先施爱——名师讲述班主任的核心教导力》	杨连山　魏永田	30.00
	155	《在欢乐中成长——名师讲述最具活力的课堂愉快教学》	王斌兴	30.00
	156	《让学生做自己的老师——名师讲述如何提升学生自主学习能力》	徐学福　房　慧	30.00
	157	《引领学生高效学习——名师讲述如何提高学生课堂学习效率》	刘世斌	30.00
	158	《教育从心灵开始——名师讲述最能感动学生的心灵教育》	张文质	30.00